AF245222

M
P.
Ess
L'É
8°
2L

Mille

Docteur P. GOY

De la
Pureté Rationnelle

Essai d'Etude sur la QUESTION SEXUELLE
au point de vue Psychologique, Hygiénique et Moral

Avec une Préface du Docteur DUBOIS

Professeur de Neuropathologie à la Faculté de Médecine de Berne (Suisse)

Nouvelle Edition revue et augmentée

d'un **Appendice**

SUR

L'ÉDUCATION SEXUELLE DES ENFANTS
ET DES ADOLESCENTS

O FR. 60

DU MÊME AUTEUR

" *Tu seras Père de Famille* " (aux jeunes Français de
15 à 18 ans). . . . . 0 fr. 20

15ᵉ MILLE

Dʳ Paul GOY

De la

Pureté Rationnelle

A PARIS :
Chez A. MALOINE et Fils,
25-27, rue de l'École-de-Médecine.

A LYON :
Chez A. MALOINE et Fils,
6, rue de la Charité.

A AUREC (Haute-Loire).
Chez le Dʳ P. GOY.

AVERTISSEMENT DE L'AUTEUR

—

L'étude qu'on va lire n'est pas destinée au public médical à l'exclusion de tout autre, bien au contraire. Nous avons essayé sans doute de mettre au point une question touchant de près à la médecine, mais de plus près encore à la psychologie et à la morale. C'est assez dire qu'elle appartient au Public tout court. Toutefois, dans l'exposé de certains faits, nous nous sommes servi d'expressions peu familières aux amateurs de pure littérature et pouvant en conséquence choquer leur délicatesse. Ils voudront bien se souvenir que les mots ne prirent une signification malsaine que dans l'esprit malsain de ceux qui, les premiers, leur prêtèrent le sens qu'ils ont gardé depuis, et que rien n'est sale scientifiquement parlant. Je demande au lecteur médical toute son indulgence. Il trouvera superflues sans doute quelques notes explicatives. C'est à l'intention de lecteurs peu renseignés qu'elles ont été rédigées. Je me suis attaché moins à décrire des procédés *d'expérimentation qu'à dégager les résultats de l'expérience et la portée morale qu'ils me semblent avoir.*

Le style n'aura pas non plus l'allure très classique, car ce travail, avant de constituer la présente brochure, fut présenté comme causerie, devant un cercle tout intime d'étudiants et de lycéens. Je n'ai pas cru devoir en modifier la forme qui, par moments, est celle de la libre conversation.

La bienveillance de tous me sera donc précieuse.

Par anticipation, je vous en remercie.

P. G.

Lyon, janvier 1906.

P.-S. — En procédant au troisième tirage de cet opuscule, je remercie tous les lecteurs, amis connus ou inconnus, qui, par leurs sympathies multiples, ont contribué à sa diffusion. Certains m'ont chicané (oh! très aimablement!) sur le mot « Pureté ». Dans ma pensée, comme dans la leur, l'acte sexuel n'est ni pur, ni impur, il est naturel, du moins quand il ne dégénère pas en une pratique d'exclusive sensualité. Je préfère cependant Pureté à Chasteté ou Continence. Chasteté a pris, dans l'opinion courante, le sens d' « état maladif, bon pour la femme ». Continence implique une idée de contrainte permanente qui cadre mal avec l'idée que je me fais de la Chasteté. Pureté évoque peut-être la vie mystique et toute cette conception pas très saine qui, proposant le culte de la Chasteté pour elle-même, fait d'elle un but; nous en faisons un moyen ; dans « Pureté » je trouve contenue l'idée d' « instinct sexuel non perverti », ou ramené à l'état d'équilibre ; et « Rationnelle », vous le verrez, corrige ce que Pureté peut impliquer d'idéalisme excessif aux yeux de quelques-uns.

Je désire voir s'accentuer encore le mouvement commencé chez nous en faveur de l'éducation sexuelle, et c'est avec un réel plaisir que j'accueillerai les critiques, réflexions ou projets que pourrait suggérer la lecture de ces lignes. A tous ceux qui de vive voix ou par écrit m'ont déjà là-dessus donné leur sentiment, j'exprime à nouveau ma reconnaissance.

P. G.

Lyon, mai 1907.

PRÉFACE

Un médecin allemand a dit que toute la morale se
réduit à la question sexuelle. Ce serait faux si l'on
voulait dire par là qu'il n'y a pas d'autres vertus
désirables que la chasteté ; mais ce qui est vrai dans
cette assertion, c'est que le problème de la morale
sexuelle est le plus important.

La pratique des autres vertus est évidemment plus
facile ; nous n'assassinons pas, nous ne volons pas
dans les milieux dits honnêtes de toutes les classes, et
il y a vraiment bien des gens pour qui l'institution de
la maréchaussée peut paraître superflue. Encore faut-
il savoir fermer un œil ; tout n'y est pas très beau
dans ce domaine. On pourrait souhaiter que les
hommes d'affaires missent plus de loyauté dans leurs
rapports, mais enfin c'est le vol poli, j'allais dire permis, adapté aux mœurs d'une bonne société. On s'est
fait à ces pratiques ; elles sont aussi, paraît-il, dans
la nature humaine et l'on ne crie pas trop contre
l'adversaire, car on se réserve le droit de lui rendre la
pareille.

Il y aurait bien à réformer aussi dans notre vie
intime, dans la famille où nous nous montrons si souvent impatients, irritables, susceptibles, injustes, en

un mot égoïstes ; mais ce sont là petits défauts qui rendent parfois, il est vrai, l'existence bien amère, mais que nous sommes obligés de nous pardonner mutuellement. Qu'il serait bon que cette indulgence fût complète ! Quand on voit la légèreté avec laquelle le monde envisage la question sexuelle, on pourrait croire qu'il ne s'agit encore que de peccadilles, sans grande influence sur notre bonheur, et l'on serait tenté de dire avec un sourire un peu forcé : Il faut que jeunesse se passe !

Pour le médecin — le plus intime des confesseurs — ce côté de la vie apparaît, hélas ! moins propre et plus tragique.

Cela commence dès la fin de l'adolescence par l'ignoble prostitution à moins que, sous prétexte d'une fallacieuse sécurité, le jeune homme prudent ne préfère la maîtresse : on s'en excuse en s'efforçant de trouver dans ces relations un brin de poésie et l'on s'étourdit en chantant ; « Mimi Pinson est une blonde... », etc., etc. C'est la violette unique et déjà fanée, fleurissant sur un fumier.

Sitôt qu'on sait se dégager du frisson de la chair (et la satiété même amène souvent, après la faute, cette trêve des sens qui pourrait être salutaire), on surprend sous ces dehors médiocrement séduisants l'égoïsme féroce qui sacrifie les autres à ses plaisirs les plus brutaux ? Dans cet état d'âme, ceux qui paraissent les plus délicats ne reculent devant aucune vilenie pour satisfaire des besoins plus artificiels que naturels, comme l'a fait si bien remarquer M. Paul Goy dans cette conférence.

Plus tard viennent les maladies que l'on qualifie

gaiement de « coup de pied de Vénus » (encore de la poésie où elle n'a que faire) et qu'on transmet sans vergogne à celle dont on a fait sa femme, à laquelle on a promis à l'église, s'il vous plaît, fidélité et protection. La gent masculine s'est si bien habituée à ces maux nécessaires qu'on en parle comme d'un rhume de cerveau; il n'est pas rare qu'on s'en vante. On oublie presque volontairement que ce mal souvent bénin de l'urétrite devient parfois dangereux et peut amener, *chez l'épouse* que l'on contamine, des maladies graves et même la mort; *chez les enfants*, des ophtalmies dangereuses.

Puis c'est la longue théorie des ataxiques traînant leur misère dans les stations balnéaires et les cliniques spéciales, loques physiques et morales vivant une vie d'infirme pendant les plus belles années de l'existence. Ce sont enfin les paralytiques généraux, ces victimes tardives de leurs joies passées, qui subissent et font subir à leurs proches le martyre des états de délire, de démence progressive et s'éteignent au bout de peu d'années dans la maison des fous, laissant derrière eux des rejetons estropiés physiquement et moralement par l'horrible syphilis.

Notre auteur a bien décrit en médecin les tristes conséquences de l'inconduite pour laquelle le monde manifeste une indulgence intéressée. Mais, comme il le dit, la crainte, tout au moins pour le mal que l'on serait seul à supporter, n'est pas un motif noble de vertu.

De plus, ces accidents, si fréquents qu'ils soient, ne sont pas inéluctables; on peut y échapper, je le sais, et ceux qui y réussissent n'ont souvent pour les malheureux que le sourire de pitié dédaigneuse qu'on a pour les maladroits.

Les *torts moraux* provoqués par une vie dissolue peuvent paraître à des esprits superficiels moins tragiques, mais ils sont plus fréquents ; ils sont de tous les jours et ils détruisent plus de bonheur que les catastrophes que je viens d'énumérer.

Dès le moment où il entre dans la voie facile de la débauche, le jeune homme perd la sincérité, la véracité, ces qualités de loyauté qui seules rendent sûrs les rapports sociaux. Un homme bien doué moralement ne devrait pas savoir porter un masque ; or, il faut dorénavant qu'il se cache vis-à-vis de bien des gens qu'il aime et respecte, à moins qu'il ne songe même plus à garder ce respect humain qu'à tort on a appelé hypocrisie en disant qu'elle est un hommage rendu à la vertu.

Entraîné par la plus enveloppante des passions, le jeune homme devient égoïste jusqu'à la cruauté, parfois, hélas ! jusqu'au crime ; il frôle plus souvent ce dernier qu'il ne croit. Il étouffe en lui, sans même s'en apercevoir, le respect de la femme, l'amour pour ses semblables, cet esprit d'altruisme et de solidarité qui peut seul donner un peu de bonheur à l'humanité. Dans le mariage qui vient mettre fin à la vie de garçon, le mensonge est entré de plain-pied et il ne s'établit pas entre les conjoints cette communauté d'aspirations intellectuelles et morales qui cimente l'union conjugale alors qu'elle tendrait à se relâcher par le temps qui use tout. Oh ! je le sais, il y a des hommes qui ont vécu et qui font des maris tout à fait convenables, tout au moins pour les femmes qui se

contentent d'un mari qui a déjà servi, comme dit élé-
gamment Marcel Prévost. Je sais aussi qu'il y a des
chastes qui se déroutent sur le tard, auquel cas, les
débauchés leur jettent gaillardement la première
pierre. Ces exceptions ne prouvent ni dans un sens,
ni dans l'autre. Il y a dans cette polygamie que se
permet l'homme, alors qu'il exige la pureté la plus
immaculée chez la femme, un mensonge social. Si la
prostitution sous toutes ses formes est nécessaire,
utile, belle, qu'on le dise ouvertement et qu'alors,
comme le dit M. Goy, on élève les femmes légères au
rang de prêtresses, de bienfaitrices de l'humanité. La
plus grande hypocrisie n'est pas celle du jeune
homme quelque peu honteux qui tait ses chutes, c'est
celle de la société qui cache, sous la façade solennelle
du mariage civil ou religieux, le libertinage le plus
éhonté.

Cet abaissement de tous les sentiments moraux qui
résulte, pour la majorité des hommes, de cette tolérance générale, a, pour la santé morale d'un pays,
d'une race, du monde, des conséquences désastreuses,
et il est urgent qu'on combatte, par l'enseignement
sous toutes ses formes, cette veulerie morale. C'est
une bonne œuvre qu'a entreprise M. Goy en publiant
cette conférence si vraie, si mûrement pensée qu'on
serait tenté de l'attribuer à un homme plus âgé, à qui
la vie a déjà beaucoup appris.

Dans ces quelques pages vibrantes d'altruisme, il
n'a rien négligé pour établir les bases idéales d'une
pureté rationnelle, fondée uniquement sur la vue
claire des conditions qui peuvent conduire au vrai
bonheur.

Trente ans bientôt de pratique médicale m'ont fait vivement sentir toute l'importance de ces vues éthiques, car c'est tous les jours que nous assistons aux drames intimes les plus douloureux causés par l'universelle insouciance en matière de morale sexuelle.

Les jeunes gens trouveront un réel soutien dans cet écrit si sincère d'un étudiant en médecine qui a su garder, dans les études médicales, parfois dangereuses, l'élévation de la pensée, le culte de l'idéal.

Ceux qui sauront le comprendre par le cœur s'apercevront tôt ou tard qu'ils ont suivi la bonne voie et qu'ils ont trouvé le bonheur dans un loyal mariage.

Dr DUBOIS,

Professeur de Neuropathologie
à la Faculté de Médecine de Berne (Suisse).

Berne, janvier 1906.

DE LA

PURETÉ RATIONNELLE

Un homme peut-il rester vierge, c'est-à-dire observer jusqu'au mariage et la vie durant s'il le faut, une continence absolue, sans inconvénient pour sa santé physique et son équilibre moral ?

D'abord, pourquoi poser cette étrange question ? Laissez-moi vous dire que je vous suppose épris quelque peu de logique, désireux que vous êtes de voir la raison triompher partout du préjugé et soucieux, par conséquent, d'avoir une attitude en harmonie parfaite avec vos principes. Vous avez, cela va sans dire, le cœur accessible aux idées humanitaires. Et si vous demandez alors comment je m'autorise à partir de l'altruisme pour parler de continence, voici ce que je dois vous dire : l'élan d'amour fraternel qui fait de certains hommes les artisans désintéressés du bonheur d'autrui, a t-il à vos yeux quelque prix ? En d'autres termes, tenez-vous, oui ou non, la bonté comme supérieure à l'égoïsme ? Si c'est non, dans ce cas nous ne pouvons pas nous entendre et je ne saurais à aucun prix vous conseiller la lecture de ce qui va suivre. Si, par contre, vous désirez voir le sentiment bienfaisant de la solidarité s'affirmer toujours plus au sein de la société, et si le spectacle de l'injustice et de la misère ne vous laisse pas tout à fait insensible, j'ai la certitude d'être écouté.

Est-il logique que le sexe masculin puisse, au gré de ses désirs (c'est chose couramment admise), satisfaire

son appétence charnelle sans encourir le blâme des « honnêtes gens », alors que ceux-ci crient au scandale quand
une femme devient mère sans avoir de mari légal et pro-
fessent un mépris évident pour toutes les prostituées?
Cependant, ces dernières ne remplissent-elles pas le rôle
considérable d'assurer à la jeunesse masculine et aux maris
désabusés des relations que, sincèrement, on dit être le
plus sûr garant de la santé individuelle et de l'hygiène
publique !!... Pour si précieux que nous tenions les ser-
vices rendus à l'homme par la femme galante (grande
cocotte, mimi-pinsette au cœur facile ou prostituée de bas
étage), nous ne voudrions à aucun prix voir nos mères,
nos sœurs ou nos filles descendre un jour sur le trottoir.
Car la débauche, avec les compromissions de toute nature
qu'elle suppose : nécessité pour tant de femmes de vendre
à prix d'argent leur corps et leur honneur, lâcheté de
l'homme qui achète ou qui séduit, hypocrisie de la société
qui tolère, tout cela peine les âmes droites, et les libertins
eux-mêmes le déplorent. Mais on répète autour de nous
que la chasteté c'est bon pour les femmes, qu'un homme
fort doit affirmer sa virilité par l'acte sexuel, qu'il ne faut
pas d'ailleurs contraindre la nature, sans quoi la folie
s'ensuivrait à brève échéance. Et, fort des conclusions de
ce raisonnement merveilleux qui affirme tout et ne
démontre rien, le jeune homme jette sa gourme, persuadé
qu'il accomplit un acte aussi glorieux qu'indispensable. La
« maman », mise au courant de ces fréquentations sus-
pectes ou les soupçonnant d'elle-même, a bien essayé de
protester doucement, mais le sourire significatif avec
lequel son époux, en vertu même de feu « *la vie de
garçon* », a souligné la réprimande maternelle, lève les
derniers doutes aux yeux du fils émancipé et le voilà
maintenant prostituant de bonne foi, ne faisant au reste
que se conformer à la sainte maxime : « Il faut que jeunesse se passe ». Aussi n'ai-je rien à lui reprocher ; mais
j'affirme qu'il commet en cela une erreur physiologique
*et que le jeune homme vierge est tout aussi près de la
vraie nature que le jeune homme incontinent. En d'autres*

*termes, la chasteté avant le mariage, et après quand il le
faut, est chose non seulement possible, mais à tous égards
salutaire.*

— Nous voulons croire, diront certains (avec ce sourire
aimable de gens qui respectent l'opinion d'autrui, mais
dans leur for intérieur la tiennent pour utopique), nous
voulons croire à la sincérité de votre affirmation et n'aurons
pas le mauvais goût de soupçonner qu'il y a, chez plus
d'un chaste, désaccord entre la pratique et la théorie. La
chasteté de certains ascètes ne fait pas pour nous l'ombre
d'un doute !

— Ascétisme, la chasteté ? Jamais. Vous saurez tout à
l'heure pourquoi je ne tiens pas cet « ascétisme » comme tel.

— Alors quoi, me répondra-t-on, vous n'allez pas,
j'imagine, nier l'existence du besoin sexuel ? où l'on vous
soupçonnerait fortement de n'être pas bâti comme tout le
monde !

PSYCHO-PHYSIOLOGIE DE L'INSTINCT SEXUEL

Ce frisson de la chair auquel mon interlocuteur fait
allusion, — tout être normalement constitué le ressent un
jour ou l'autre. Mais le « chaste rationnel » lui donne une
interprétation différente ; et j'appelle chaste rationnel
celui qui s'appuyant sur des observations scientifiques et
des considérations d'ordre social, croit à l'excellence de la
pureté sexuelle et la réalise.

Je dois employer maintenant des expressions peu familières à plusieurs d'entre vous. Ne soyez pas choqués outre
mesure et sachez voir plus loin que les mots.

L'existence n'a sa raison d'être que dans l'Amour. C'est
de l'Amour que l'homme est né. C'est dans l'Amour
conjugal qu'il s'éveille à l'Amour social en devenant
créateur d'êtres semblables à lui-même. L'Amour touche
de près au grand problème de la vie. Les questions d'ordre
social et moral soulevées par lui sont capitales ; parlons-en

donc avec une pleine franchise : les demi-mots et les demi-sourires ne sont plus de saison. Au reste, la pensée moderne, dans tous les domaines où s'exerce sa croissante activité (arts et littérature, sciences positives, sciences philosophiques et religieuses) veut dégager le vrai. C'est sous une forme plus idéale et plus dispersée comme un retour au culte antique de la nature. Ce qui va suivre est un *chapitre d'histoire naturelle*. Entendez-le comme tel, c'est-à-dire dans un esprit simplement désireux de mieux connaître pour penser plus juste et pour mieux agir.

Maintenant, précisons le plus possible.

Peut-on parler de besoin sexuel au sens littéral du mot besoin, c'est-à-dire de nécessité impérieuse dont la non-satisfaction momentanée et à plus forte raison définitive provoquerait des troubles de nature à compromettre la « bonne santé » de l'individu? Je ne le crois pas. Quelques considérations sommaires sur le mécanisme psycho-physiologique qui préside à l'apparition et à la disparition de certains besoins organiques (besoins de manger, d'uriner) nous aideront mieux à différencier de ces besoins véritables le prétendu besoin sexuel.

Le besoin de manger reconnaît pour cause un appauvrissement de tout l'organisme et s'annonce par une sensation mal localisée, la sensation de faim que calme une alimentation suffisante.

Le besoin d'uriner est provoqué par un certain degré de réplétion vésicale au delà duquel l'individu est impuissant à maintenir l'urine dans son réservoir habituel. La miction[1] fait disparaître le besoin d'uriner.

L'individu privé de nourriture dépérit et meurt. Si par des manœuvres appropriées on s'oppose à la miction, il survient une rupture de la vessie et des accidents graves qu'une intervention médicale ne saurait enrayer de façon certaine. Il s'agit donc là de besoins véritables. Mais bien que provoqués par des excitants chimiques ou mécaniques

---

[1] Acte par lequel l'urine est expulsée de la vessie dans l'urètre ; et de l'urètre au dehors.

étrangers à toute psychologie, ces besoins peuvent, dans certains cas, apparaître, se modifier où disparaître sous l'influence de causes psychiques, sans qu'interviennent à aucun titre les causes ordinaires de leur apparition. Ainsi, la vue de mets succulents provoque la faim chez des personnes qui, l'instant d'avant, se déclaraient rassasiées; inversement, l'arrivée d'une mauvaise nouvelle coupe l'appétit à d'affamés convives sur le point de se mettre à table. Il en est de même pour la miction.

L'influence de l'esprit sur le corps est trop manifeste pour que j'insiste, mais notons ceci : 1º Une influence morale, consciente ou non, peut faire naître en nous la sensation de besoin, alors que le besoin lui-même est organiquement satisfait;

2º Même lorsqu'il s'agit de besoins véritables, impérieux, l'individu par le « moi conscient », la volonté si vous préférez, peut exercer sur eux une action d'arrêt momentanée, c'est vrai, mais souvent très notable. Combien cette action peut-elle être plus-complète lorsqu'il s'agit d'un besoin factice, c'est-à-dire créé, comme le besoin sexuel, par des excitations anormales et des habitudes perverses.

Des auteurs compétents parlent indifféremment d'instinct sexuel et de besoin sexuel; ils commettent, à notre avis, une erreur d'analyse et, par suite, une confusion de mots; car l'étude comparée de l'instinct sexuel chez l'animal et chez l'homme montre ce qu'on doit entendre au juste par « besoin sexuel » et qu'il ne faut pas confondre les perversions du sens génésique avec la fonction reproductrice. Chez l'animal jeune[1], alors que les organes génitaux n'ont pas achevé leur croissance, toute activité sexuelle est rigoureusement suspendue. Les premières tentatives d'accouplement n'apparaissent qu'à la puberté et dans des conditions bien déterminées. L'attirance sexuelle consiste

---

[1] Il s'agit bien entendu de l'animal vraiment animal, et non de l'animal domestique, car, chez ce dernier, les nouvelles conditions de vie ont parfois provoqué des perversions du sens génésique.

en un réflexe[1] ayant son point de départ non dans une excitation locale des organes reproducteurs, mais dans la perception d'odeurs *sui generis* que laissent émaner les « organes » de toute femelle en état d'être fécondée ; leurs propriétés excitantes provoquent le rut du mâle, rut aussitôt suivi de l'acte copulateur. L'activité génésique est ensuite suspendue jusqu'au jour où des excitations analogues viennent à nouveau lui donner l'éveil. Mais en dehors de ces excitations précises, le mâle observe une continence rigoureuse et, comme chacun l'a pu voir, les chiens sevrés par l'homme de tout contact avec la femelle paraissent aussi peu soucieux qu'incapables de provoquer eux-mêmes l'équivalent du rut ; mieux encore, la vue d'une femelle déjà gravide[2] ou bien non en état d'être fécondée ne provoque chez eux aucune tentative sérieuse de rapprochement[3], car si les organes génitaux ont, entre-

[1] Le mot « réflexe » pouvant paraître obscur à plus d'un lecteur, qu'on nous permette d'en donner une courte définition. Un exemple fera d'ailleurs mieux comprendre : vous approchez par mégarde le doigt d'un objet brûlant et le retirez aussitôt, cet acte est un réflexe. Des nerfs sensibles (nerfs qui relient votre épiderme à la substance cérébrale) ont averti votre cerveau de cet excès de chaleur, et par l'intermédiaire d'autres nerfs allant des centres cérébraux aux différents muscles, donné à votre doigt le pouvoir et l'ordre de se retirer. Toutefois, semblable réflexe n'est pas soumis à l'action de la volonté : étant donné l'acuité de la douleur vous n'avez pas pu ne pas retirer votre doigt au lieu que vous pouvez volontairement retarder la miction qui, elle aussi, est un réflexe, mais moins automatique.

Dans le rut, des nerfs sensibles transmettent de même les excitations olfactives à des centres spéciaux où s'élabore l'ordre d'accomplir l'acte sexuel. Des causes violentes pourront seules empêcher ce rapprochement ; car chez l'animal, le réflexe génital n'est pas soumis à l'action de la volonté pour la bonne raison que l'animal a plus d'instinct que d'intelligence et que l'instinct est aveugle.

[2] Enceinte, en état de grossesse.

[3] La même chose se passe chez le cheval : visitez un poste d'étalons. Les chevaux refusent de s'accoupler avec des juments que les sensations olfactives par eux perçues ne leur révèlent pas comme étant à l'instant même en puissance de conception.

On peut objecter ces ébauches d'accouplement qui ont lieu entre

autres pour rôle celui d'assurer l'acte reproducteur, cette
fonction, en dehors des conditions que nous venons
d'indiquer, se trouve suspendue. Elle est pour ainsi dire
facultative, en ce sens que son accomplissement n'est pas
nécessaire pour assurer la vitalité des organes qui le per-
mettent, sans quoi le non-accomplissement de l'acte sexuel
porterait une grave atteinte à la santé du mâle, provoquant
d'autre part la dégénérescence progressive de ses organes
reproducteurs. Or, il n'en est rien et, pas plus qu'il ne
m'est indispensable de jouer du piano pour que mes doigts
soient exempts de paralysie, il n'est pas davantage nécessaire à l'animal d'opérer l'acte générateur pour conserver
au testicule l'intégrité de ses attributions. Nous verrons
tout à l'heure, en étudiant l'instinct sexuel de l'homme,
que la continence n'est pas non plus susceptible de diminuer chez nous le pouvoir fécondant. Qu'il suffise de
rappeler la musculature superbe et la fière vigueur de
certains chevaux entiers, privés leur vie durant de tout
rapport sexuel, pour nous convaincre que la continence
n'entrave pas chez nos frères inférieurs le complet développement de l'être physique. Et ce fait n'est pas dû
seulement à ce que chez ces chevaux a été conservée la
possibilité pour eux de se reproduire, mais à ce qu'au
testicule sont dévolues des attributions autres que cette
propriété fécondante. Le testicule, en effet, glande génitale
du mâle, sécrète des éléments cellulaires, les spermatozoïdes, qui, mis au contact par le rapprochement sexuel

---

animaux du sexe mâle, entre chiens par exemple. On oublie que
chez certains animaux, l'intelligence s'étant manifestement déve-
loppée, apparaît la mémoire et avec la mémoire de fatales perversions du sens génésique comme nous le verrons pour l'homme
dans un instant.

On croit aussi prouver l'apparition spontanée du besoin, en
citant l'exemple de chats, séquestrés dans nos appartements de
ville et qui, au printemps, donnent des signes d'excitation manifeste. On oublie qu'ils ont un odorat infiniment développé, qui leur
révèle à des distances parfois colossales, les émanations de quelque
femelle en état de rut.

⁎⁎⁎

d'un élément, cellulaire aussi, l'ovule, provenant des glandes femelles, opèrent la fécondation de ce dernier. Les spermatozoïdes constituent la sécrétion externe du testicule. Mais la glande mâle sécrète encore un produit spécial (désigné sous le nom de sécrétion interne) qui, lui, n'est pas expulsé par éjaculation, mais passe dans le sang et possède des propriétés nutritives. Ces propriétés étant supprimées, ainsi s'expliquent les états d'affaiblissement et de moindre vigueur observés dans la castration.

Pas plus chez l'animal que chez l'homme il n'est possible de définir l'instinct sexuel en soi. C'est, si l'on veut, l'ensemble des sensations qui, de façon plus ou moins consciente, pousse le mâle vers la femelle. Chez l'animal, être d'instinct, ces sensations naissent en vertu d'excitants physiques, matériels, sans lesquels le rut n'a pas lieu. Chez l'homme où l'intelligence a pris aux dépens de l'instinct un développement remarquable, les aspirations sensuelles naissent par voie psychologique avant tout.

Qu'est-il, à vrai dire, ce besoin sexuel qu'on nous représente comme aussi naturel qu'impérieux et duquel on se réclame pour arguer des dangers de la chasteté quand encore on la croit réalisable ?

Le Dr Joanny Roux, cependant psychologue habile et consciencieux, le définit de la façon suivante[1] : « C'est, dit-il, ce désir obscur mais impérieux qui s'empare de l'adolescent, cette impulsion irrésistible des sexes l'un vers l'autre. »

Ou je ne sais pas lire ou l'auteur nous apporte ici le résultat d'une observation que chacun peut faire et vérifier aisément. Je me demande justement si semblable besoin, avec les caractères qu'on lui attribue, fait de lui-même son apparition chez l'adolescent et s'il n'est pas plutôt, quand il se manifeste avec cette violence, le résultat des perversions nombreuses subies par l'instinct sexuel de

---

[1] *Psychologie de l'instinct sexuel*, par le Dr Joanny Roux, médecin-adjoint des asiles d'aliénés de Lyon (Librairie Baillière et fils, prix 1 fr. 5o).

l’homme — avant, pendant ou après la puberté. — Comment, en effet, se fait l’éveil des sens chez l’enfant d’aujourd’hui? Nous avons grandi dans la plus complète ignorance de notre origine et, s’il nous arrivait de désirer quelque éclaircissement sur le mode et le lieu de notre provenance, on sait de quelles fables fantastiques des parents, bien intentionnés du reste, ont bercé nos petites imaginations. Quand nous vîmes plus tard et sûmes (de façon malheureusement superficielle) comment s’opérait la reproduction chez les animaux, nous avons conclu à la possibilité de l’acte sexuel chez l’homme, nous disant toutefois que, si l’on prenait soin de nous en cacher l’existence, cet acte, si inférieur et si délictueux qu’il fût, devait être la source d’un certain plaisir. Il avait désormais pour nous tous les attraits du fruit défendu. « Parce qu’on enseigne aux enfants, dit Giulio Obici[1], que toute connaissance dans ce domaine, qui lui est fermé, est un péché, ils appliquent tous leurs soins à cacher leurs étranges sensations nouvelles, leurs vagues désirs, leurs connaissances incertaines. Ils ne pourront résister à laisser errer leur imagination autour d’un problème qui les intéresse d’aussi près, les excite, et ils arrangeront de leur mieux leurs notions incomplètes en tentant de répondre à leurs désirs vivaces par des actes illicites et de malsaines satisfactions. »

En effet, les camarades plus âgés — quand ils ne nous ont pas initiés à certaines pratiques toutes de nature à surexciter les organes génitaux — nous ont appris que le fruit défendu était non seulement le fruit permis, mais le fruit nécessaire; qu’arrivés à un certain âge, nous pourrions « songer aux femmes »; le développement suffisant(?) de nos organes génitaux nous permettrait alors d’accomplir l’acte sexuel, nous y serions d’ailleurs poussés par d’invincibles aspirations. Il nous est, d’autre part,

---

[1] Giulio Obici, privat docent à l’Université de Padoue : « les Erreurs de l’Education sexuelle », opuscule édité par *la Revue* (ancienne *Revue des Revues*), 19 août 1907.

tombé sous la main quelque feuille pornographique émaillée de récits suggestifs et de clichés plus suggestifs encore, et de tout ceci se dégageait l'idée très nette que la femme, être capable de nous procurer en outre des sensations inouïes, avait tout exprès été créée pour équilibrer la physiologie masculine. Bien imprudents et bien naïfs serions-nous de renoncer à l'acte qu'implique la satisfaction de ce besoin… irrésistible !

Et nous n'avons pas résisté, nous sachant par définition incapables de résistance.

Oh ! sans doute, la Morale a bien fait entendre sa voix austère, mais nos éducateurs, tout en exaltant les beautés de la vertu, procédaient par affirmations vagues, et, prêchant peu d'exemple, laissaient nettement entrevoir que cette résistance aux impulsions sexuelles impliquait une aride lutte dans laquelle succombent souvent des énergies robustes. Nous avons préféré céder à des perspectives plus séduisantes et avec une facilité d'autant plus grande que ces inclinations nouvelles répondaient bien à des aptitudes nouvelles de notre être… Oui ! à des aptitudes nouvelles, mais à des aptitudes seulement et pas à des besoins.

On objecte qu'au moment de la puberté, la sécrétion testiculaire s'établit. Nous ne pouvons pas, dit-on, accumuler le sperme indéfiniment ; il demande lui-même, tout comme l'urine, sa mise en liberté et cette nécessité d'évacuer un trop-plein provoque le désir.

Le médecin psychologue cité plus haut et que je ne soupçonne pas d'être rigoriste en matière de morale, le Dr J. Roux, dit « qu'au besoin d'aimer correspondent, en effet, une ou plusieurs sensations dont il s'agit de déterminer la nature ». Il se demande alors si l'origine du besoin sexuel *doit être placée dans* « *des sensations parties des organes génitaux* ». Le Dr Roux passe lui-même en revue les conceptions de savants physiologistes : Béaunis, Krafft-Ebing, Delbœuf, qui tous répondent par l'affirmative. N'avaient-ils à leur service que des moyens incomplets d'expérimentation ? Toujours est-il que cette théorie, fortement sujette à caution, ne tient aujourd'hui plus debout.

Elle suppose : 1° Que le besoin[1] sexuel ne fait son apparition qu'après le développement des organes génitaux. Or, les observations ne se comptent plus où l'on a signalé son apparition extrêmement précoce. On le trouve noté dès l'âge de quatre ou cinq ans dans les cas de psychopathie sexuelle rapportés par Lombroso, Krafft-Ebing, Chevalier, etc... Ce sont, il est vrai, des cas pathologiques; ils prouvent toutefois que l' « éveil des sens » peut survenir avant le développement complet des organes génitaux et qu'en conséquence l'apparition du besoin sexuel n'est pas sous la dépendance unique de ce développement. Au moment de la puberté, nos organes génitaux sont évidemment le siège de sensations spéciales. Mais remarquons-le, ce n'est qu'en vertu de certains renseignements recueillis par nous (et de quelles bouches!) que nous rapportons à un besoin précis ces sensations nouvelles. Ce n'est pas le cas pour la fillette ignorante ou l'adolescent candide, oiseau plus rare.

2° Si l'instinct sexuel n'a pour base qu'un besoin de fonctionnement des organes génitaux, il ne doit jamais apparaître lorsque ceux-ci ne sont jamais aptes à fonctionner (castration avant la puberté); il doit disparaître lorsque les organes génitaux sont supprimés organiquement ou fonctionnellement (castration après la puberté). Or des observations authentiques[2] prouvent chez de nombreux sujets, hommes et femmes, la persistance du sens génital après la castration et la possibilité pour eux d'accomplir l'acte sexuel (non suivi de fécondation évidemment).

3° Enfin le besoin sexuel doit disparaître, quand il est organiquement satisfait par le coït. « Or, déclare J. Roux, il n'est pas besoin d'insister sur cette observation banale

---

[1] L'erreur traditionnelle ayant consacré l'emploi du mot « besoin » nous en faisons nous-même usage, mais en priant le lecteur de lire « désir » partout où il le rencontre affecté du qualificatif sexuel.

[2] Du chirurgien Richet, de Tolbot et Havelock Ellis : *The journal of mental science*, 1896, voir Roux, p. 12 à 22 (ouvrage cité).

que le coït est loin de toujours satisfaire en même temps
le besoin sexuel ; le désir existe souvent encore alors que
les organes génitaux ne réclament plus rien 🙐 et le
Dr J. Roux conclut de la sorte : « Dans le besoin sexuel,
il y a autre chose qu'un organe qui demande à fonctionner,
que des vésicules séminales qui demandent à se vider. »
Et si nous parvenions à montrer que dans le besoin sexuel
il n'y a ni un organe qui *demande* à fonctionner, ni des
vésicules séminales qui demandent à se vider, la vieille
théorie du besoin obligatoire et, par conséquent, du vice
nécessaire, serait gravement compromise. Or, les données
récentes de la physiologie viennent pleinement appuyer
les revendications de ceux — et je suis du nombre — qui
réclament une morale pour les deux sexes, en d'autres
termes, le devoir pour tout jeune homme éclairé de res-
pecter la dignité féminine et le droit pour la femme d'être,
en amour, l'égale de l'homme et de n'y plus jouer le rôle
passif que lui assignent une morale vieillie et l'arbitraire
de certaine police.

Que dit, en effet, la physiologie au sujet des fonctions
diverses de l'appareil génital ? Les spermatozoïdes sont
élaborés de façon continue au niveau de la glande mâle :
du matin au soir et du soir au matin, sans que nous en
ayons conscience, et sans qu'intervienne l'excitation génésique, le testicule sécrète des éléments fécondants. Leur
élaboration et leur excrétion ne sont pas davantage pour
nous une cause d'excitation, sans quoi, nous serions de
perpétuels excités.

C'est à ces divers phénomènes que, sous le titre de
Spermatorrhée physiologique, un journal scientifique[1],
la *Presse Médicale*, consacrait l'entrefilet suivant :
« MM. Milian et Mamelok, en étudiant les éléments cellulaires de l'urine, ont trouvé fréquemment des spermatozoïdes dans celle-ci. Cherchant les conditions qui président
à l'apparition de ces éléments, ils ont constaté qu'ils exis-
taient chez les jeunes sujets depuis longtemps continents.

[1] *Presse médicale*, année 1902, p. 631.

Chez un jeune homme de vingt-cinq ans, dépourvu de toute tare pathologique, les spermatozoïdes reparaissaient dans l'urine cinq ou six jours après l'acte sexuel.

« Le testicule fabrique donc sans cesse des spermatozoïdes dont l'excès s'échappe par les voies naturelles et l'on s'explique dès lors que la continence n'entraîne pas l'atrophie du testicule Les spermatozoïdes ainsi expulsés sont vivants[1]. *»*

Quant aux vésicules séminales, qui longtemps furent considérées comme les réservoirs du sperme, réservoirs dont la réplétion eût impliqué l'acte sexuel (ou un acte équivalent), comme la réplétion vésicale implique la miction, les vésicules séminales[2] sont regardées aujourd'hui comme des glandes.

Et voici là-dessus l'avis d'un professeur lyonnais, histologiste distingué, M. A. Regaud[3]; dans l'entretien qu'il voulut bien m'accorder, il m'a fait la déclaration suivante :

« Les vésicules séminales n'ont jamais été les réservoirs

---

[1] Voir, dans la remarquable thèse du D[r] Ch. Esquier (Faculté de Bordeaux) *la Continence est-elle nuisible?* la relation d'expériences détaillées et de travaux histologiques récents relativement à la fonction testiculaire; le Dr Esquier conclut, comme nous, dans le sens de la continence possible.

[2] Ces propriétés glandulaires des vésicules séminales ont été mises en évidence par les expériences d'Ivanoff et de Steinach. Et fait qui viendrait encore les justifier, c'est que les vésicules séminales sont absentes chez certains mammifères et que chez ceux-ci cependant le rut apparaît, suivi de coïts fécondants.

Les vésicules séminales sécrètent un liquide destiné à prolonger la vitalité des spermatozoïdes. L'extirpation des vésicules séminales laisse intact l'instinct sexuel; la fécondation est toutefois rendue plus difficile. Voir à ce sujet : *Elie Ivanoff*, Fonctions des vésicules séminales dans le *Journal de Physiologie et Pathologie générale* publié par MM. Bouchard et Chauveau, tome II, n° 1, 15 janvier 1900.

[3] M. le professeur agrégé A. Regaud, chef des travaux d'histologie, chargé du cours d'embryologie, auteur de divers travaux sur la spermatogénèse des mammifères.

Nous donnons ici l'opinion de M. Regaud à un titre purement scientifique, ignorant que nous devons être et que nous sommes pes conclusions morales qu'il peut en tirer lui-même.

du sperme. Ce sont des glandes à parois plissées. Au mo-
ment du coït, leur produit de sécrétion est expulsé dans
les canaux éjaculateurs. Pour ce qui est de la continence
je la crois compatible avec la santé physique. De ce que
l'accomplissement d'un acte est physiologique, il ne faut
pas conclure que son non-accomplissement est contre
nature. A mon avis, la continence ne saurait compro-
mettre en rien l'habitus corporel de l'individu. »

Que penser en tout ceci des **pertes séminales**? Ne
sont-elles pas de nature à contredire la théorie que nous
venons d'exposer? Elles en sont, au contraire, comme une
démonstration complémentaire :

Les pertes séminales, en effet, ne sauraient être assi-
milées à certains actes *nécessaires* de la vie organique, tels
que la miction par exemple, et elles ne proviennent nullement, comme on l'a prétendu, d'un trop-plein de sperme
accumulé dans les voies génitales. Leur apparition est
liée à deux ordres de causes, les unes physiques, les autres,
morales qui peuvent agir de concert ou séparément, mais
qui sont sans rapport avec la continence. Les vésicules
séminales (et d'une façon plus générale, les voies génitales)
peuvent être le siège d'excitations anormales (lésions
locales, volume excessif d'un organe voisin, réplétion
exagérée de la vessie ou du rectum, hypertrophie de la
prostate) sous l'influence desquelles les pollutions peuvent
apparaître; mais, le plus souvent, ces dernières sont sous
la dépendance d'un état moral qu'il nous est possible de
contrôler dans une certaine mesure. Le rêve lascif qui
les précède et les accompagne n'est, comme tous les rêves,
que le résultat des impressions morales reçues à l'état de
veille. Si nous parvenons à bannir du champ de nos pensées toute représentation malsaine et que nous prenions,
d'autre part, quelques précautions hygiéniques (combattre
la constipation par un régime alimentaire approprié, uriner
« à fond » avant de se mettre au lit), notre sommeil ne sera
que rarement interrompu par cet accident, dont on a, du
reste, beaucoup exagéré l'influence déprimante. Par contre,
des individus ayant de fréquentes relations sexuelles, mais

laissant leur esprit s'abandonner à des rêveries ou lectures malpropres, sont souvent affligés de pertes répétées.

La chasteté physique est affaire de chasteté intellectuelle, mais de chasteté intellectuelle consciente, voulue. A aucun moment, il n'existe de trop-plein dans l'organisme d'un homme libéré de toute préoccupation libidineuse. C'est dans notre imagination qu'il existe un trop-plein d'excitations malsaines (voir à ce sujet BOUCHARD, *Traité de pathologie générale*, tome V : Séméiologie des organes génitaux, et la récente et remarquable thèse du D[r] CH. ESQUIER sur ce sujet : *La continence est-elle nuisible ?*).

Comme on l'a pu voir, il n'y a pas dans le besoin sexuel d'organe qui demande à fonctionner, puisque le testicule fonctionne à notre insu ; pas davantages de vésicules séminales qui demandent à se vider, puisqu'elles ne sont pas des réservoirs. La nature se charge d'éliminer « spontanément » ce que ces diverses sécrétions peuvent avoir d'excessif. La théorie du besoin[1] n'a plus sa raison d'être[2].

---

[1] De l'aveu de bien des incontinents eux-mêmes, l'acte sexuel ne répond pas à un besoin. L'un de mes camarades, aussi franc que dépravé, me disait un jour : « Il m'est arrivé pour divers motifs de m'abstenir durant plusieurs semaines. Je sens parfaitement que la continence n'est qu'une affaire d'habitude et lorsque je retourne à ma vie de patachon, ce n'est pas, je le certifie, pour satisfaire un besoin, mais pour éprouver une jouissance. »

[2] On a prétendu tirer, de phénomènes qui se passent chez les infusoires, des conclusions de nature à justifier sinon la nécessité du moins la « bienfaisance » de l'acte sexuel. Chez les infusoires, la différenciation des sexes n'existe pas ; chaque animal se reproduit lui-même à lui seul.

Après avoir engendré spontanément, c'est-à-dire sans accouplement préalable, plusieurs générations d'infusoires, ils vieillissent et n'ont plus d'aptitudes aussi grandes à se reproduire. Alors, en vertu de certaines affinités chimiques ils s'unissent, chacun à l'un de ses congénères également sénescent : de cet accouplement plus ou moins prolongé résultent pour les deux animaux un regain de force et la possibilité d'engendrer de nouvelles générations d'infusoires. On peut objecter à ceux qui en concluent que dans le coït humain il y a réconfort mutuel, que l'homme normal songe au

Mais alors, peut-on m'objecter, d'où proviennent, au moment de la puberté, les sensations étranges, qui faisaient dire à Rousseau : « Je désirais un bonheur dont je n'avais pas idée et dont je sentais pourtant la privation... » La puberté, écrit Beaunis, est une nouvelle naissance. Que nos organes génitaux soient alors le siège de sensations dont le principal caractère est d'ailleurs l'imprécision? Fort bien. Mais tout maintenant nous autorise à croire qu'elles sont la simple expression des aptitudes nouvellement dévolues à un organe; ce n'est qu'en vertu de renseignements erronés que nous les rapportons à un besoin. Et cependant, je reconnais volontiers que « le génie de l'espèce est à l'œuvre[1] » et que la femme est née pour l'homme. Mais comment s'opère cette révélation? Supposons un adolescent, élevé de façon telle (et ceci n'est pas impossible; nombre de jeunes filles sont d'ailleurs dans ce cas) que, jusqu'à la puberté, il ait vécu dans l'ignorance complète des choses sexuelles : le jour où ses organes atteindront leur complet développement, l'image « anatomique » de la femme lui va-t-elle brusquement traverser l'esprit et rêvera-t-il aussitôt d'accomplir l'acte que vous devinez[2]? Non. — Plus simplement, va-t-il se trouver en proie à une surexcitation telle, qu'il se sent impuissant à la maîtriser? Pas davantage. — Et alors?

L'instinct sexuel rend l'animal sensible à certaines excitations d'origine olfactive et qui lui font accomplir, de façon toute réflexe, un acte dont il ignore le but. Un instinct analogue pouvait bien exister chez l'homme des cavernes, mais chez l'homme civilisé, il a subi des modi-

rapprochement sexuel en pleine jeunesse et que ce rapprochement répond par là même à un but autre que celui des phénomènes de conjugaison observés chez les infusoires.

[1] Schopenhauer.

[2] Il ressort d'une statistique soigneusement établie par le D' Queyrat que les jeunes gens accomplissent l'acte sexuel pour la première fois, non pas poussés par le vœu de la nature, mais par les injonctions de camarades déjà déflorés qui leur représentent ce rapprochement comme une agréable nécessité.

fications profondes. Le port du vêtement, les habitudes
d'hygiène ont supprimé l'influence des excitations olfactives et diminué, peu à peu, pour l'odorat, la possibilité
de les percevoir. L'homme du xxᵉ siècle n'est pas attiré
vers la femme par ce grossier mécanisme. Il y a cependant
en lui des aspirations à satisfaire et, comme l'instinct
« animal » n'est plus capable de l'incliner à l'acte sexuel,
ce sont les influences morales du milieu, causeries ou
lectures, qui vont lui donner la signification « des frissons
nouveaux » dont il ne devine ni la cause ni l'objet. *L'animal aime d'instinct. L'homme apprend à aimer.* C'est
pourquoi chez lui le concept amoureux diffère, non seulement d'une race à l'autre, mais d'individu à individu, et
les différences de tempérament ne résultent pas d'une
différence histologique des organes, mais de la diversité
des influences morales, héréditaires ou non, qui ont dominé
l'apparition de notre moderne instinct sexuel créant
ainsi dans le domaine de la passion tant de susceptibilités
individuelles. « C'est précisément à cause de sa complexité
psychique, dit encore G. Obici[1], que l'amour, pendant la
période de sa formation, se trouve le plus sujet aux ten-
dances anormales, aux déviations et aux erreurs, et la raison en est établie par deux lois générales de la biologie :
1º tous les organismes et toutes les fonctions sont d'autant
plus sujets aux causes pathogènes qu'ils sont plus com-
plexes ; 2º un organisme, une fonction, sont le plus sujets
à la maladie dans les périodes de croissance et de développement. »

Parmi les influences psychiques ayant contribué et con-
tribuant encore à pervertir l'instinct sexuel de l'homme,
l'une des principales est, à n'en pas douter, celle de la
mémoire : l'animal, on peut le supposer, éprouve, au
moment de l'acte sexuel, des sensations voluptueuses,
mais il a plus d'instinct que de mémoire. Et, d'une part,
l'oubli des sensations éprouvées ; d'autre part, le nombre
rigoureusement limité des excitations génésiques, ne

---

[1] Ouvrage cité, p. 13.

poussent pas le mâle vers la femelle dans un but autre que celui de la procréation. L'homme, au contraire, doué de mémoire, se souvient des sensations qui accompagnent ce même acte. Elles sont désormais associées dans sa pensée aux traits de la femme aimée; à un simple geste de cette dernière, au timbre de sa voix, à l'expression de son regard, à des agréments de toilette; aux événements divers qui ont précédé ou suivi l'amoureuse rencontre, que sais-je encore, à toutes sortes d'images dont il *garde le souvenir*. Vienne l'une de ces images par réminiscence à lui traverser l'esprit, le désir aussitôt s'éveille et l'homme veut le satisfaire. Or, les conditions dans lesquelles ce désir prend naissance et se satisfait vont en exalter encore l'acuité. C'est un excès de jouissance, étant donné l'ordinaire état d'esprit des sensuels et certains artifices imaginés par eux, qu'on éprouve dans ces relations illogiques. Et avec cette tendance à l'habitude[1] que présentent tous nos organes, le désir s'éveille en temps et hors de temps; peu à peu se constitue un besoin passionnel là où ne devrait exister qu'une fonction facultative.

Si, d'autre part, on tient compte que bien avant l'époque de la puberté l'enfant est renseigné d'inexacte façon sur la destination de ses organes et que, au lieu d'attribuer les sensations nouvelles éprouvées par lui à l'apparition connexe d'aptitudes nouvelles[2], il se croit possesseur d'un

[1] Cette tendance de nos organes à l'habitude est manifeste. Nous avons faim chaque jour à la même heure, même si nous avons mangé peu de temps avant. Beaucoup d'hommes habitués à des relations sexuelles régulières voient périodiquement réapparaître le besoin, à l'heure et au jour où ils ont coutume de le satisfaire.

[2] Nous disons des aptitudes et non une aptitude, car au moment de la puberté le « sexe » n'est pas seul à subir des transformations profondes, mais l'être tout entier : la musculature se développe, l'horizon intellectuel s'élargit, et ce n'est qu'à vingt-cinq ans que s'arrête le développement de la personnalité physique alors que continue à s'affirmer encore la personnalité morale. Si même il pouvait être question de besoin, ce n'est pas au premier symptôme de sa puberté naissante que l'adolescent devrait songer à reproduire, à quoi du reste il ne songe pas du tout.

besoin véritable, on conçoit sans peine que ces lacunes
d'éducation, jointes à des siècles d'une hérédité malsaine,
inclinent l'adolescent, suivant les circonstances, vers l'onanisme ou le commerce des prostituées. *Dans les deux cas,
la conviction du besoin aura engendré le besoin lui-même.*

Donc, l'image la plus banale, par réminiscence consciente ou subconsciente, peut éveiller en nous le désir
sexuel. En outre, étant donné que les vêtements dissimu-
lent à l'ordinaire toute nudité corporelle, l'homme, toujours par association d'idées, est devenu sensible au nu ;
l'obsession du nu est telle chez certains, qu'ils ne peuvent
voir une femme sans la déshabiller mentalement et pas
davantage passer devant « un nu », même artistique, sans
perdre aussitôt la tête. Chez un adolescent non renseigné,
ou soumis à l'hygiène morale que nous esquisserons tout
à l'heure, ces divers mobiles n'eussent pas éveillé l'idée du
rapprochement sexuel.

En matière de conclusion, nous dirons donc : l'instinct
sexuel est le sens de la reproduction, mais un sens subor-
donné à l'activité de tous les autres et de toutes nos facultés. « Nous aimons avec tout notre être. » C'est pourquoi
l'amour s'éveille en nous par de simples associations de
sentiments, d'idées ; et l'anormale excitation de l'instinct
génésique provient du sens erroné que nous prêtons à ces
dernières, en rapportant à un besoin et non à une aptitude, les sensations qu'elles font apparaître.

Ce qui prouve bien, au reste, la genèse toute psychique
du besoin sexuel, c'est qu'il peut s'évanouir (en dehors,
bien entendu, de toute lésion organique de l'appareil génital) par un mécanisme analogue à celui qui le provoque :
« L'impuissance sexuelle peut naître, en effet, dit Dubois[1]
« sur la base de représentations mentales », et j'ai vu,
ajoute-t-il (après avoir cité nombre de cas éloquents)
cette impuissance s'établir chez un mari, qui avait dû
accompagner sa femme chez le gynécologue, et avait trouvé
inesthétique la pose où il la vit ; le charme était rompu. »

---

[1] *Les Psychonévroses et leur traitement moral*, p. 3ı9-362.

✳✳✳✳✳

Est-ce à dire que le chaste rationnel soit un insensible? Mille fois non. Il subit, comme tant d'autres, et pas en esclave, les charmes incontestables du sexe féminin, mais l'acte sexuel lui apparaissant comme aussi noble que naturel, la femme étant, d'autre part, cette personnalité qu'il veut égale à la sienne, il échappe à l'influence des excitations anormales que vous connaissez. Et si certaine hérédité ne le dispense pas de tout effort, il sait, du moins que cette résistance aux suggestions inférieures n'offre aucun danger, qu'elle est, au contraire, comme un héroïque retour à la nature, dans la liberté.

Soit, dira-t-on, la chasteté n'a rien en elle-même d'anti-physiologique, mais, étant donné que, depuis des siècles, l'hérédité sensuelle pèse sur nous, créant un tempérament pathologique peut-être, dont les exigences sont toutefois indéniables, n'y a-t-il pas quelque imprudence à conseiller aux passionnés de faire obstinément violence à leurs impulsions génitales? et cette contrainte n'est-elle pas susceptible d'engendrer des états de déséquilibre mental?

Le témoignage de médecins autorisés et celui des chastes rationnels eux-mêmes vient formellement contredire le préjugé qui fait de l'homme continent un candidat sérieux à la neurasthénie, mieux encore à la folie. Qu'il y ait des psychopathes parmi les chastes, voilà qui n'est pas douteux; qu'il y en ait parmi les viveurs, voilà qui l'est moins encore. Mais tandis que chez les premiers la maladie reconnaît pour cause une sensibilité native exagérée, chez les seconds, la névrose résulte d'excès nombreux qui détruisant l'équilibre physique, ont ensuite ébranlé l'équilibre moral. Ceux-ci sont des névrosés par intempérance ceux-là des chastes maladifs et quand, chez eux (pas plus du reste à leur honte qu'à leur gloire), la « vertu » doit n'être attribuée qu'à l'extrême pudeur ou au manque de hardiesse, elle est, je veux bien, un symptôme de neurasthénie, mais rien de plus et ces malades, répétons-nous sont des chastes maladifs, pas des malades par chasteté. Écoutez, d'ailleurs, en quels termes parlent à ce sujet les autorités compétentes. Le **D^r Ch. Feré**, médecin de Bicêtre et qui fait autorité en matière de pathologie mentale, s'exprime en ces termes : « Les médecins se sont montrés tantôt les détracteurs, tantôt les défenseurs de la continence. Il s'en est trouvé pour la considérer comme physiologique, d'autres l'ont accusée des maux les plus divers et en particulier de nombreuses névropathies. Cette opinion est surtout basée sur la fréquence relative de la folie chez les célibataires. En réalité, comme l'a bien montré Verga, le célibat, qu'il ne faut pas confondre avec la continence, n'a sur la folie qu'une influence apparente. Le célibat est plus souvent la conséquence que la cause de l'anomalie. Il a moins de part dans les aliénations mentales des célibataires que le mariage dans les aliénations des gens mariés, soumis à une multitude de soucis évités aux célibataires. Mantegazza, qui ne se fait pas remarquer parmi les apôtres de la continence, ne lui reconnaît aucun inconvénient. Harvey et Haller connaissaient ses effets heureux sur la longévité chez les oiseaux et la physiologie moderne n'est point avec eux en désaccord sur ce point. La continence réalise une réserve de forces. L'économie sexuelle favorise la longévité et les diverses formes de l'activité intellectuelle » (Ch. Feré, *L'Instinct sexuel : évolution et dissolution*, p. 315).

« On a parlé, dit **Fournier**[1], indûment et à la légère, des dangers de la continence pour le jeune homme. Vous avouerais-je que, si ces dangers existent, je ne les connais pas et que moi, médecin, j'en serais encore à ne pas les avoir constatés, bien que les sujets d'observations ne m'aient pas manqué en la matière. La précocité génésique n'est qu'artificielle et ne résulte, le plus souvent, que d'une éducation mal dirigée ; en tout cas, le péril en l'espèce consiste bien plus à devancer qu'à contenir le vœu de la nature. »

Le **professeur Dubois** s'exprime dans le même sens[2] :

---

[1] *Pour nos fils quand ils auront dix-huit ans*, par le professeur A. Fournier, membre de l'Académie de Médecine.

[2] *Les Psychonévroses et leur traitement moral*, p. 390.

« Il y a plus de neurasthéniques parmi ceux qui laissent libre cours à leur sensualité que parmi ceux qui savent, pour des raisons morales altruistes et aussi longtemps que ces motifs existent, échapper au joug de l'animalité. »

« Il faut dire, a écrit encore le **Dr Queyrat**[1], il faut répéter à satiété que la chasteté n'est ni mauvaise, ni ridicule, ni déshonorante pour les jeunes gens, tout au contraire. Et voici maintenant l'un des vœux adoptés à l'*unanimité* par la **Conférence internationale de Prophylaxie sanitaire et morale**, dans son Congrès tenu à Bruxelles, du 1er au 6 septembre 1902 : « Il faut enseigner à la jeunesse masculine que non seulement la chasteté et la continence ne sont pas nuisibles, mais encore que ces vertus sont des plus recommandables au point de vue purement médical et hygiénique. »

Suivent les signatures de **cent cinquante sommités médicales** du monde entier. Nous relevons pour la France : les noms des Drs Gailleton (Lyon), Landouzy (Paris), Burlureaux (Val-de-Grâce), Thibierge (médecin des hôpitaux de Paris) ;

Pour l'Allemagne : les D^{rs} professeurs Lassar (Berlin), Neisser (Breslau), etc., etc.

Et je pourrais allonger encore la liste des témoignages.

Soit, dira-t-on, c'est possible. Mais l'altruisme et la raison, qu'ont-ils à faire en tout cela? Il y eût jadis un instinct sexuel de l'homme des cavernes, il y a de même un instinct sexuel de l'humanité contemporaine ; et si perverti que soit cet instinct, rien ne nous oblige à le réformer dès l'instant où nous apprécions hautement les sensations qu'il nous procure.

Ce nihilisme moral est l'expression d'une pensée hardie exprimée en paroles légères ou peut-être d'une pensée « en l'air » que vous lancez, comme ça, moitié par indépendance d'esprit (ce qui n'est pas un mal), moitié par snobisme philosophique (ce qui est une stupidité). Car, à

---

[1] Dr Queyral, médecin des hôpitaux de Paris, chef de service à l'hôpital Cochin-Ricord.

moins que vous ne soyez quelque satyre sans scrupule ou quelque monstre d'égoïsme (et le fait que vous m'avez suivi jusque-là sans trop hausser les épaules me prouve que vous n'êtes pas ce cynique personnage), vous ne pouvez pas ne pas entrevoir le bien fondé de la pureté sexuelle et les avantages inouïs dont bénéficieraient les individus et les sociétés si, au lieu d'être l'exception, elle devenait la règle générale.

Vous ne seriez plus vous-même l'esclave de quelque stupide amour, l'être veule et désemparé maudissant la femme ou les femmes et ne pouvant se passer d'elles. Vous jouiriez de la vie sans gâcher plus ou moins la vôtre et surtout sans compromettre le bonheur des autres. Oui, le bonheur des autres ! Car l'impureté sexuelle de l'homme a des conséquences désastreuses ; une seule les résume toutes : *la prostitution*.

La prostitution (clandestine ou réglementée) maintient dans un état d'esclavage les femmes qui en assurent le recrutement. Les prostituées sont vouées au mépris public : elles sont « la chose » d'une police inqualifiable et la valeur marchande d'un commerce qui ne l'est pas moins : *la traite des blanches*. Enfin, le *péril vénérien*, source pour l'individu, sa descendance et son milieu, de tant de maux redoutables, reconnaît lui-même, pour cause, la prostitution sous toutes ses formes.

LE PÉRIL VÉNÉRIEN

Le péril vénérien ! oh ! ne souriez pas. Vous avez entendu peut-être tel ami parler, sur un ton détaché, de ces bobos qui guérissent en quelques jours au prix d'une injection faite avec bonne humeur. Vous êtes dans l'erreur complète ; mais rassurez-vous, mon intention n'est pas de vous terrifier et de faire de vous des « chastes timorés », c'est-à-dire des malades. Mais il faut lorsqu'on a le malheur de contracter une affection vénérienne, n'avoir pas honte de soigner ces maladies dites honteuses et qui le sont, en effet, pour un état social qui met tant de femmes dans l'obligation de les contracter et de les propager.

Voici donc, sur la *syphilis* et la *blennorragie*, quelques notes rédigées à l'intention du lecteur peu renseigné, par mon ami Riou, étudiant en médecine, qui, précisément, l'été dernier, se trouvait attaché comme externe au service des vénériens à l'hôpital lyonnais de l'Antiquaille.

Blennorragie. — Longtemps considérée comme une maladie locale, une bagatelle, la blennorragie, depuis la découverte de son agent pathogène, le gonocoque, a conquis le rang de maladie générale, grave parfois ; elle est actuellement placée presque sur le même plan que la syphilis.

Dans la majorité des cas, toutefois, l'infection convenablement traitée reste localisée à son point de départ habituel, l'urètre, guérit sans complications et n'est alors qu'une « petite affaire », malgré les phénomènes doulou-reux intenses qu'elle provoque. Mais souvent peuvent survenir des accidents immédiats ou éloignés par lesquels la blennorragie acquiert toute sa gravité.

Ce sont, par voie de contiguïté, les *inflammations de la prostate* aiguës, immédiatement graves et douloureuses, ou chroniques, prolongeant alors indéfiniment la durée de la blennorragie, qui reste pour ainsi dire latente et que le moindre excès peut réveiller. C'est ensuite l'infection de l'épididyme ou *orchite* qui peut amener, si elle est bilaté-rale, l'obstruction spermatique avec infécondité consécu-tive ; ce sont encore, par voie ascendante, l'infection de la vessie ou *cystite blennorragique* si douloureuse, l'infec-tion de l'uretère[1], puis l'infection du rein occasionnant, en ce cas, la *pyélonéphrite*, accident grave qui va jusqu'à nécessiter l'ablation de ce précieux organe.

---

[1] Canal reliant le rein à la vessie.

D'autre part, ce sont les infections à distance, résultant d'un transport de gonocoque sur les diverses muqueuses, la conjonctive, en particulier, provoquant alors l'*ophtalmie purulente*, qui aboutit à la perte de la vue si on n'applique pas aussitôt un traitement actif.

Dès le début, d'ailleurs, le *blennorragie* peut revêtir l'allure d'une maladie générale ; le microbe passe dans le sang et dissémine l'infection dans tout l'organisme. Le type le plus fréquent de cette infection est le *rhumatisme blennorragique à forme d'arthrite*, qui laisse souvent, après lui, des infirmités définitives (ankylose). Telles sont les complications immédiates les plus ordinaires de la blennorragie : elles ne sont pas la règle. Mais elles ne sont pas non plus l'exception.

Pour l'avenir, outre la *stérilité et les infirmités articulaires*, ce sont les *rétrécissements de l'urètre*, très fréquents, dont le pronostic est sévère, à cause des interventions répétées que l'affection réclame et aussi des complications qui peuvent en résulter du côté du rein et de la vessie. *Dangereuse pour l'individu, la blennorragie ne l'est pas moins pour la collectivité.* Et cela parce que beaucoup d'hommes apportent dans le mariage la *blennorrée*, cette « goutte militaire » qui ne paraît rien et qui sera, pour la jeune épouse et pour l'enfant, l'origine de vraies catastrophes. Il résulte, en effet, l'infection de l'appareil génital de la femme, la *métrite*, la *salpingite*, quelquefois même la *péritonite*. C'est la fin de la vie de famille, la désunion dans le ménage, le régime de la chaise longue et, finalement... l'intervention chirurgicale laissant la femme mutilée, privée de toute espérance maternelle, en proie à tous les accidents d'une ménopause anticipée.

Qu'une femme ainsi contaminée devienne mère, l'enfant a de grandes chances d'être infecté dans son passage à travers la filière génitale. C'est alors *l'ophtalmie purulente des nouveau-nés, si dangereuse et si fréquente, puisqu'on a compté sur 1.000 aveugles, 800 aveugles de naissance dont la cécité était due à la blennorragie.*

Tel est le bilan de cette affection trop souvent négligée, « si on sait comment elle commence, on ne sait ni quand elle finira, ni comment elle pourra finir ».

Syphilis. — Vient ensuite la syphilis dont le professeur Fournier dit qu' « avec l'alcoolisme et la tuberculose, elle constitue la triade des pestes contemporaines ».

C'est une maladie générale, contagieuse et virulente, transmissible par le contact, surtout (mais pas toujours) vénérien, d'une lésion syphilitique contagieuse au niveau d'une effraction de l'épiderme ou d'une muqueuse, si légère soit cette effraction, transmissible aussi par hérédité. Essentiellement chronique, puisque ses manifestations peuvent apparaître vingt, trente ans et plus après l'infection, elle confère à l'individu contaminé une première fois une immunité complète.

La *période primaire,* qui dure huit à dix semaines, et dont le chancre développé au point d'inoculation constitue le seul élément ; la *période secondaire*, qui évolue pendant deux ou trois ans avec ses manifestations ordinaires : éruption cutanées diverses, fort désobligeantes parfois ; plaques muqueuses à répétition, si contagieuses, « source où s'alimente la vérole », chute des cheveux, maux de tête intenses, ne présentent rien de bien grave pour l'individu.

Mais voici la *période tertiaire*, de durée indéterminée, pendant laquelle la syphilis va prendre une bien autre allure. Sans doute, par un traitement rigoureux et longtemps suivi, on peut échapper à cette période, elle n'en est pas moins fréquente. Tous ses accidents sont graves et il faudrait passer en revue toute la pathologie pour décrire le tertiarisme syphilitique, car le corps humain des pieds à la tête est son domaine.

La peau, les os (tibia, nez, voile du palais, en particulier), les muscles, le tube digestif, le cœur, et les vaisseaux (anévrisme de l'aorte), les organes génitaux, les yeux et les oreilles peuvent être atteints, mais la victime préférée du tertiarisme est le système nerveux, puisque sur 4.700 cas de syphilis tertiaire, 2.009 fois la syphilis a touché le cerveau ou la moelle épinière.

Etant donné que le cerveau est l'organe directeur de la machine humaine, les conséquences ne sont autres *que paralysies diverses, déchéance intellectuelle, gâtisme, paralysie générale, tabès* et souvent la mort à bref délai.

Voilà pour l'individu. Quelles sont les conséquences de la syphilis dans la famille et la société ?

D'abord la contamination fréquente de la femme, puisque d'après une statistique du professeur Fournier, 19 pour 100 des femmes syphilitiques auraient reçu la syphilis de leur mari. Il en résulte ce double fait :

a) Que la femme devient exposée pour son compte à tous les risques individuels de la syphilis.

b) Que les enfants, destinés à naître de ce couple infecté, seront exposés à la pire des hérédités, l'hérédité mixte.

Autre conséquence, c'est la dissolution du ménage, car si une femme peut pardonnner pour elle, elle ne pardonne pas pour ses enfants.

Un enfant syphilitique peut contaminer sa nourrice.

La syphilis, c'est la ruine matérielle et morale de la famille.

Pour la société, la syphilis est un péril redoutable à cause de sa fréquence, la contagion pouvant avoir lieu, en dehors du rapprochement sexuel, par des modes de contamination nombreux : la vaccine, le baiser[1], les ustensiles de ménage, la pipe, la cigarette, les objets de toilette (rasoirs), etc.

Sur la race, la syphilis se traduit par une mortalité effrayante. Elle tue les enfants avant la naissance en prédisposant de façon singulière les femmes aux fausses couches. Elle tue les enfants après la naissance dans de colossales proportions (80 pour 100 en moyenne). Et les enfants qui subsistent sont des êtres décadents, idiots ou

---

[1] Le Dʳ Fournier rapporte trois exemples de mères qui, embrassées par leurs fils atteints de plaques muqueuses des lèvres, contractèrent la syphilis.

rachitiques qui transmettront peut-être à leur descendance ces tares qu'ils ont eux-mêmes reçues.

Tel est le bilan de la syphilis.

Est-il exagéré de dire qu'elle est un fléau pour l'humanité?

ONANISME

Au début de cette étude, quand j'ai parlé de continence, il s'agissait bien entendu d'absolue chasteté et je n'ai pas (du moins je l'espère) laissé entendre que le chaste rationnel pût se livrer au vice solitaire : ce serait pour lui, plus, que pour tout autre, une inqualifiable défaillance. L'onanisme, outre qu'il est en soi tout l'opposé de la nature, devient souvent une passion dangereuse. Chez les adolescents doués d'une excessive sensibilité, il s'installe à demeure, fait de ceux-ci de lamentables esclaves et ruine progressivement leurs forces. Il en peut résulter, en outre, une perversion du sens génésique telle, que tout rapport normal avec la femme devient impossible au masturbateur avéré : l'onanomane court à l'impuissance. L'intelligence et la mémoire perdent leur vivacité, la conscience morale s'obscurcit. Déchéance physique, sexuelle, mentale et sentimentale, telles sont les conséquences possibles de l'onanisme. Il vaut la peine d'en signaler le danger, mais d'affirmer aussi qu'il est un mal curable, et justiciable au même titre que toute forme d'impureté, d'une hygiène morale que nous esquisserons plus loin.

ALTRUISME ET PURETÉ

On répète volontiers, trop volontiers peut-être, que la prostitution est la conséquence de notre organisation sociale actuelle. En effet, l'on ne peut que déplorer la situation pénible faite à certaines femmes par le salaire dérisoire qu'elles reçoivent, mais il faut dénoncer la lâcheté de l'homme qui exploite cette lacune économique au profit de son appétence charnelle Sans doute, il est des femmes ne se vendant pas par pauvreté, mais lorsque la misère matérielle n'est pas pour celles-ci cause de déchéance, c'est la misère morale qui fait d'elle un gibier de prise facile. L'homme exploite alors sans pudeur les insuffisances d'une intelligence mal éduquée. Noble geste en vérité !

Après ce que nous avons dit de l'instinct sexuel, il est facile de dénoncer les institutions qui, pour exister, prennent occasion ou prétexte des perversions de cet instinct. La prostitution ne peut à aucun titre se justifier devant l'hygiène, mais ce qui la rend plus insoutenable, c'est le fait qu'elle pèse sur la femme du peuple et que les prostituées sont l'objet de toutes les vexations et de tous les mépris. Dans nos modernes sociétés où l'on parle (peu s'en faut) d'élever des temples à la raison, il faudrait être d'abord raisonnable et entourer d'égards ces prêtresses de l'amour par l'intermédiaire de qui tout excité peut quand bon lui semble sacrifier à Vénus ; or la condition qui leur est faite, vous la connaissez. Souffrez cependant que j'ouvre à ce propos une parenthèse.

La prostitution réglementée — La prostitution réglementée ! c'est la maison close où la fille publique rivée par des tenanciers à son métier d'infamie, séquestrée sous prétexte de dette, est mise dans l'impossibilité presque absolue de rompre sa chaîne s'il lui arrive d'aspirer à la liberté.

Et comme adjuvants naturels du système des maisons closes fonctionnent deux institutions : *la traite des blanches* et *la police des mœurs* qui toutes les deux sont un attentat à la liberté individuelle. Nos journaux quotidiens eux-mêmes en ont dénoncé les scandales trop retentissants. Nul n'ignore qu'en certaines villes de la côte et du continent se tiennent « des marchés de femmes », que

les femmes, au reste, ne s'y vendent pas de leur plein gré ;
ce sont souvent de naïves jeunes filles, arrivant droit de
leur village, cueillies à la gare ou sur le boulevard par des
racoleuses qui leur promettent monts et merveilles, et
dirigent ensuite ces *protégées* sur la maison de tolérance.

Les scandales de la *police des mœurs* sont légion et la
réglementation du vice constitue tout à la fois : un crime
juridique, une injustice sociale, une erreur d'hygiène.

Un crime juridique : car la police des mœurs, pour
légitimer sa propre existence, est obligée d'invoquer les
capitulaires de Charlemagne ou des ordonnances datant
de 1791 et croit pouvoir les combiner à l'article 484 du
Code pénal. Or, dans les ordonnances de 1791, il est dit
simplement que « les officiers de police pourront entrer en
tous temps dans les lieux livrés notoirement à la débauche », mais aucun de ces textes ne vise un régime analogue à la police des mœurs ; quant à l'article 484, il en est
la condamnation pure et simple puisqu'il affirme que « les
lois et les règlements particuliers pour des matières non
réglées par le code pourront être observés », mais
« observés par les Cours et les tribunaux », or, un officier
de police ne saurait remplir les fonctions du juge.

Une injustice sociale. — « La prostituée, a dit
Augagneur, n'est pas l'unique coupable dans l'acte qu'elle
accomplit. Elle a un complice. Pourquoi n'est-il pas
inquiété ? Des milliers de femmes deviennent la chose de
l'agent des mœurs, parce qu'elles passent pour commettre
d'habitude un acte inexécutable sans la collaboration de
l'homme [1]. » Puis, toutes les prostituées ne souffrent pas
également des vexations de la police : « Les sévérités de
cette dernière ne s'appliquent qu'à la prostituée pauvre,
tandis que la réglementation et les réglementaristes
s'inclinent chapeau bas devant la prostituée riche non
moins infectée et non moins dangereuse. »

Toutes les femmes, au reste, sont les victimes possibles
de ce régime d'arbitraire : les plus honnêtes elles-mêmes

n'ont pas le droit, passé certaine heure, de se trouver seules dans la rue, sans s'exposer aux méprises grossières de l'agent des mœurs; témoins ces deux jeunes filles, Mlles Forrisier et Y. Mongars, l'une la sœur, l'autre la fiancée d'un rédacteur à *la Lanterne*, arrêtées à Paris, le 4 mai 1904, par deux agents qui les brutalisent et les conduisent au poste, comme des criminelles, sous prétexte de racolage, alors qu'elles regagnaient simplement le domicile familial[2].

« L'homme se conduit lâchement en faisant supporter aux seules femmes les conséquences d'un acte où sa responsabilité est égale. Au fardeau physiologique, fatal, de la maternité, il a ajouté le fardeau, créé par lui, de la prostitution[3]. »

Une erreur d'hygiène. — La réglementation croit se justifier, par ses prétentions à garantir la salubrité publique : or, le régime des mœurs avec son organisation actuelle n'est pas plus favorable à la santé qu'à la morale.

Les professionnelles du vice essaient, en effet, de cacher leur mal par tous les moyens possibles, car le régime disciplinaire, auquel sont soumises les prostituées vénériennes à Saint-Lazare et dans les établissements similaires de province rappelle bien plus celui d'une prison que d'un hôpital. Elle n'y font pas, en outre, de séjour assez prolongé pour que le médecin traitant puisse, à leur sortie, les déclarer inoffensives, du moins en ce qui concerne la syphilis.

Quant au dispensaire, où les filles en carte sont tenues de venir passer la visite, il offre des garanties moindres encore ! « Savez-vous, dit le Dr Queyrat[1], combien il « faut de temps pour examiner une femme au point de

---

[1] *Contre la police des mœurs*, p. IX, critiques et rapports avec une préface du Dr Victor Augagneur (ancien professeur de clinique des maladies vénériennes à Lyon).

[2] Ce cas n'est pas unique en son genre.

[3] Augagneur, ouvrage cité.

« vue blennorragique? Un bon quart d'heure[2]. Le méde-
« cin du dispensaire pourrait examiner quatre femmes
« à l'heure; on lui en fait passer cent vingt!

« Au point de vue de la syphilis, il n'y a pas plus de
« garanties. Sans parler du diagnostic de cette terrible
« maladie, souvent impossible à un examen rapide, voici
« qui est mieux : une femme est, je suppose, au troisième
« mois de son infection syphilitique, atteinte d'accidents
« secondaires. On l'arrête, on l'interne à Saint-Lazare.
« Après un mois, deux mois de séjour, elle est guérie loca-
« lement. Qu'en fait-on? La saine logique et la bonne
« prophylaxie voudraient que cette femme n'eût pas de
« rapports avec un individu sain, avant quatre ans au
« moins. Bien loin de là, avec le système réglementariste,
« il lui est délivré une carte *rouge*, moyennant laquelle, à
« condition qu'elle se présente tous les huit jours à la visite
« sanitaire, elle a le droit de se prostituer, comme et
« quand elle veut, à tout venant. Ceci, vous me l'accor-
« derez, passe vraiment les bornes Comment, voilà une
« femme en puissance de syphilis; une goutte du sang, de
« la sérosité lymphatique de cette femme, inoculée à un
« individu, lui donnera infailliblement la syphilis et vous
« la laissez avoir des contacts sexuels avec qui bon lui
« semble! Elle passe, me direz-vous, la visite sanitaire
« tous les huit jours. Mais cette femme qui n'a aucune
« érosion aujourd'hui, pourra avoir demain, pour mille et
« une raisons, l'éraillure contagionnante et, si son parte-
« naire est en état de réceptivité, lui donnera infaillible-
« ment la syphilis; et voilà le système que les réglemen-
« taristes préconisent.

« Notez enfin que la réglementation ne vise qu'un des
« facteurs de la contagion, la femme, tandis qu'elle laisse
« l'homme, atteint de syphilis ou de blennorragie, conta-
« gionner en toute tranquillité, en toute impunité autant

---

[1] *Contre la police des mœurs* (ouvrage cité), p. 38.
[2] Avec une installation suffisante pour obtenir une stérilisation rapide des instruments.

« de femmes qu'il veut, sans qu'il risque d'être inquiété
« jamais.

« Nous conclurons, dit plus loin le Dr Queyrat, que non
« seulement le système réglementariste est inutile, mais
« encore qu'il est dangereux au premier chef [1]. »

La réglementation actuelle n'est pas plus favorable à la
morale qu'à l'hygiène publique; le vrai moyen d'exciter
l'homme à la débauche, c'est de prétendre lui garantir des
femmes saines.

« De plus, les maisons closes, dit encore Fallot, deviennent pour l'homme vicieux une excitation aux débor-
dements contre nature. Et qu'on vienne nous dire que ces
maisons-là sont nécessaires, sinon que nos filles ne seraient
pas en sécurité. Mais un peu de réflexion, je vous en con-
jure; pour avoir le cynisme d'aborder une femme honnête
dans la rue, il faut avoir désappris le respect de la femme,
et où le désapprend-on sinon dans ces écoles nationales
de la dépravation, qui éveillent les appétits de toute
nature qu'elles ne réussissent pas à satisfaire [2]. »

Certain m'objectera qu'il n'a pas de rapport avec les
femmes de maison publique, ni même avec ces autres
protégées de la police que sont les filles en carte; mais
qu'il a quelque part la petite ouvrière classique, si heureuse de trouver en lui l'ami, sans lequel sa modeste
chambre garnie ou son milieu de pauvreté lui eussent paru
désespérément tristes.

Je ne dénoncerais pas semblable rapprochement s'il
n'avait d'autre prétexte que la jouissance charnelle et

---

[1] « Par quoi le remplacer? dit encore le Dr Queyrat. Par la
responsabilité civile et pénale de la contamination vénérienne. A
ce point de vue, d'autres nations nous ont donné le bon exemple
et je vous citerai, à titre de document, l'article 155 du Code nor-
végien ainsi conçu :
« Celui qui connaissant ou présumant chez lui une maladie
sexuelle contagieuse aura contaminé ou exposé à la contamination
une autre personne, par commerce charnel ou par débauche, sera
puni de prison jusqu'à cinq ans. »

[2] T. Fallot, *la Femme esclave*, p. 41. Paris, Fischbacher, 0,50.

d'autre principe que l'exploitation de « la plus faible » par
le plus fort ; ce qu'entre étudiants nous appelons un
« collage » n'est après tout qu'un contrat déloyal, par
lequel l'homme, supérieur en finances, déshonore une
ouvrière consentante, il est vrai, mais « facile » en raison
de circonstances sociales qui font d'elle, femme sans for-
tune, une femme privée de tout plaisir. Survienne l'ami
qui va la distraire et gratifier de quelques colifichets, elle
ira vers lui confiante, avec ce cœur naïf qui veut se griser
de la joie présente sans songer à l'avenir, si rempli cependant de déceptions amères : car un jour ou l'autre « mon-
sieur l'ami », orné enfin d'une épouse officielle et d'une
position sociale, lâchera le petit « trottin » qui lui servit
de maîtresse, brisant ainsi bien souvent un cœur et une
vie tout à la fois. Je n'en veux pour preuve que l'exemple
de ces deux sœurs qui, le 9 décembre 1905, se donnaient
la mort en se jetant au Rhône (à proximité du pont de la
Guillotière, à Lyon), parce que deux étudiants de l'École
dentaire ne voulaient plus d'elles ! Si même ces unions
passagères ne doivent être l'occasion d'aucun « chagrin
d'amour », rien ne doit légitimer, aux yeux d'un jeune
homme qui respecte en lui-même et chez autrui la personne humaine, un collage dont il ne voudrait pas pour
sa propre sœur et qu'il ne s'aviserait pas de contracter
avec une femme de son monde. Je ne laisse percer sous
ces mots aucune arrière-pensée bourgeoise et ne me rallie
pas au préjugé qui fait, d'un homme épousant une ouvrière,
un homme qui s'abaisse. Il y a, parmi les femmes du
peuple, des personnalités bien supérieures aux petites
flirteuses de certaine bourgeoisie. Mais je ne sache pas
qu'en prenant une ouvrière pour maîtresse on ait fait faire
le moindre progrès à l'émancipation des classes labo-
rieuses. Comme l'a dit éloquemment Fallot, « des femmes
d'esclaves n'eurent jamais pour fils des hommes libres [1] ».
Quand, en effet, la maîtresse délaissée n'ira pas grossir les
rangs d'une prostitution plus ou moins officielle, on peut
deviner sans peine la femme d'intérieur qu'elle sera ;
n'ayant connu l'homme que sous les traits de l'amant infi-

dèle, elle ne verra dans son mari qu'un être assez peu recommandable en tant qu'homme. Les époux n'auront pas l'un dans l'autre cette confiance qui fait les ménages heureux. La mère profondément désabusée ne saurait inculquer à ses enfants un idéal de vie très supérieur; et pour peu que s'évanouisse chez elle le sentiment de l'honneur, elle représente à ses filles la prostitution comme l'état le plus ordinaire de leur sexe; sa descendance, en un mot, connaîtra cette infériorité morale si précieuse aux plus forts. Oh! tout ceci n'est pas pour insinuer que la venue d'un état social meilleur est subordonnée tout entière à celle de la pureté! Il est des injustices trop criantes pour qu'on temporise et les réformes sociales pourront, dans une large mesure, aider à l'émancipation morales des faibles. Mais affirmer que la prostitution est uniquement le fait d'une économie sociale défectueuse, c'est n'y voir ni très clair, ni très loin et oublier qu'elle prit naissance à une époque où la question sociale ne se posait à vrai dire pas et que, de nos jours, on la légitime au nom des prétendues nécessités du mâle. Et je trouve pour le moins ironiques ces politiciens, solliciteurs de suffrages, qui représentent au peuple son émancipation comme proche et qui prostituent, d'autre part, des femmes de ce même peuple, dont ils exaltent les droits à la liberté. Un grand progrès moral et gros de conséquences économiques serait accompli le jour où l'homme sentirait que sa débauche le contraint vis-à-vis de lui-même et des travailleurs à une attitude sans noblesse. Le riche, dépouillant alors son vieil égoïsme, irait au pauvre; le pauvre, dépouillant toute haine, viendrait au riche, des hommes libres marcheraient désormais côte à côte dans une intense fraternité.

---

[1] T. Fallot, *la Femme esclave*. Conférence, librairie Fischbacher, Paris, rue de Seine, 33.

PURETÉ RATIONNELLE ET MARIAGE

La pureté rationnelle, source de bonheur individuel, ondition majeure du progrès social, ne s'affirme nulle part avec plus de noblesse que dans le mariage. Ce qu'a été le *chaste rationnel* pendant sa jeunesse, vous le savez, un homme, sur qui n'ont aucune prise sérieuse les excitants anormaux du sens génésique. Il a pu se trouver au contact de femmes physiquement belles, sans perdre l'esprit ; il a résisté sans efforts aux œillades des reines du trottoir, puis, rencontrant un jour la noble jeune fille qu'en son âme il rêvait... il a aimé ! Mais lorsqu'il subit le charme de la femme, c'est une émotion très profonde et tout idéale qu'il éprouve et qui, chez lui, n'implique jamais l'obsédante vision de l'acte sexuel. Le chaste rationnel n'a rien de commun avec certains pseudo-chastes qui, les uns par manque de hardiesse, les autres par peur de contracter une maladie vénérienne, d'autres peut-être par une noblesse de sentiments, aussi réelle qu'inéduquée, s'abstiennent de tout rapprochement sexuel, mais vivent avec cet état d'esprit déplorable qui consiste à voir dans le mariage l'institution grâce à laquelle ils pourront enfin satisfaire le besoin (?) si violemment réprimé. Le chaste rationnel voit dans la femme non l'instrument de volupté qu'on voit en elle d'ordinaire, mais la personne destinée par tout son être à compléter le sien. Et si le désir charnel ne joue pas dans sa conception de l'amour le rôle prépondérant, l'acte sexuel, toutefois, lui apparaît comme aussi noble que naturel, puisque, par cet acte, l'époux et sa compagne deviennent créateurs et que, dans une minute d'intime union, ils vont léguer à l'enfant l'étincelle de l'être.

L'enfant! que de joies charmantes, de fières responsabilités ce mot évoque à lui seul. C'est pourquoi, conscients du but avant tout créateur dévolu à un tel acte et ne voulant à aucun prix léguer à l'enfant une âme de déséquilibré[1], ils ne seront pas eux-mêmes des passionnés et, dans leur désir légitime de goûter aux joies profondes de l'amour, ils feront tous les deux preuve de tact et de mesure. Au reste, si l'on croit à l'excellence du mariage en tant que seule base solide de l'organisation sociale, c'est me semble-t-il, dans ce sens qu'il faut conclure. Mariage implique fidélité mutuelle et complète des époux, sans quoi c'est peut-être la brouille dans le ménage (je dis peut-être, certains époux, rares d'ailleurs, ont pour leurs respectives faiblesses de si touchantes complaisances !) et en tout cas la prostitution de l'un des intéressés. M. de La Palice dirait qu'une société composée de ménages malheureux n'est pas une heureuse société !

J'ai déjà noté la tendance à l'habitude que présente tout organe soumis par l'homme à un fonctionnement répété. Si donc on accomplit l'acte sexuel en temps et hors temps, cet acte devient un besoin qui demande satisfaction à époque rapprochées. Or, il est des circonstances (grossesse, maladies) où tout homme, pour peu qu'il ait de sens moral, ne songera pas à compromettre la vie d'une compagne aimée — et s'il a toujours ignoré la pratique rationnelle de la pureté, il aura beau se faire violence, il lui sera bien difficile de ne pas demander à quelque professionnelle du vice ce que la délicatesse ne lui permet pas d'exiger de sa femme légitime. Situation pénible pour un homme à qui sa droiture de cœur interdit d'exploiter toute naïve complaisance et de faillir à la parole donnée.

D'autre part, la « jeune fille » chaste de corps sinon

---

[1] La mentalité des parents n'est pas sans influence sur celle de l'enfant qu'ils peuvent concevoir. Il résulte d'une enquête rapportée par le Dr Legrain, que des enfants mentalement dégénérés ont été bien souvent conçus un samedi, jour de paye, alors que l'un des conjoints, tout au moins, était dans un état de notoire ébriété.

d'esprit et n'ayant en tout cas sur la vie sexuelle que des notions très incomplètes (peu instruite qu'elle est à l'ordinaire de toute la portée de l'acte sexuel, chose qui cependant la touche de près), la jeune fille est plus tard comme femme ce que la fait son mari. Il se peut que celui-ci (les cas de ce genre ne sont pas rares, consultez chez un avocat le dossier de certains divorces), il se peut, dis-je, que le mari, par l'étalage brutal de sa passion, lui rende désormais insupportable l'idée du rapprochement sexuel, ou que, au contraire, l'accomplissement trop souvent répété de cet acte, avec les raffinements de sensualité qu'y apporte, fêtard de jadis, l'époux d'aujourd'hui, ne fasse d'elle une passionnée. Et les impulsions étant chez la femme de par sa grande sensibilité, plus impérieuses que chez l'homme, on devine les tentations terribles de certaines femmes en l'absence de leur mari[1].

« Je suis persuadé, quant à moi, écrit quelque part le Dr Queyrat, qu'un ménage ne peut être vraiment à l'unisson que si les deux époux se sont mariés vierges l'un et l'autre ; je les vois vivant dans une sécurité absolue, sans soupçon comme sans mystère, n'ayant l'un et l'autre aucun jardin secret, rien à savoir, rien à se cacher, et, je vous le demande, une telle perspective de bonheur profond, de sécurité aimante, ne vaut-elle pas quelques heures d'épilepsie charnelle, aussi passagère que charnelle? »

Des époux désireux d'une complète joie ne feront pas de leur mariage un dévergondage légal. Logiques jusqu'au bout, ils ne redouteront pas la venue d'une famille nom-

---

[1] Tolstoï dépeint en quelques traits frappants ces situations navrantes.

« Le mari, dépravé à l'avance, transporte dans le mariage ses moyens de débauche, contamine la femme de la même sensualité et lui impose le fardeau insupportable d'être en même temps maîtresse, mère inquiète et la rend malade, agacée, hystérique. Le mari l'aime comme maîtresse, l'ignore comme mère et la hait pour sa nervosité qu'il a produite lui-même? Il me semble que c'est la source de toutes les souffrances cachées dans la plupart des familles. »

breuse [1]; les fils uniques sont les victimes de leur isolement et paient souvent bien mal de retour la tendresse inintelligente qu'on leur a témoignée; au lieu que des frères et des sœurs élevés en commun, habitués de bonne heure à s'entr'aider, sont des natures autrement plus complètes que le rejeton solitaire auquel des parents jouisseurs auront refusé tous les doux avantages d'une fraternité nombreuse.

Lorsque de graves considérations interdisent aux époux toutes relations sexuelles, ils sauront, par une attitude réciproquement délicate, s'abstenir d'un acte qui n'a pour eux que la signification du plaisir. Ils trouveront des moyens de communion morale aptes à bannir de leur vie quotidienne la préoccupation sensuelle : la femme s'associant de façon aussi discrète qu'effective à l'activité du chef de famille, celui-ci voyant dans sa compagne un être de vaillance et de douceur qu'il faut doucement aimer; tous les deux vivant pleinement l'un pour l'autre et surtout... pour les autres.

L'altruisme est l'école des grandes énergies. Il est à la base de l'hygiène morale qui fait les chastes.

L'HYGIÈNE DE LA PURETÉ

Ai-je maintenant raison d'espérer que le problème de la pureté, envisagé sous l'angle du bonheur individuel et social, vous paraît moins ridiculement vide qu'au début de cet entretien? Peut-être. Mais il pourrait persister dans votre esprit une arrière-pensée que je devine; assuré-

[1] Je n'affirme point par là que des époux dignes de ce nom doivent procréer à tout prix et que les enfants nombreux sont une garantie de bonheur familial et de progrès social. La procréation ne devient un droit et un devoir que si les parents possèdent les qualités physiques et morales requises pour engendrer des êtres sains. Dans le cas contraire, elle est regrettable et parfois criminelle.

ment, direz-vous, c'est ici l'idéal qui devrait tenter chacun. Mais à cause de l'hérédité sensuelle qui pèse sur nous ou d'habitudes contractées, aussi malsaines que tenaces, peut on rêver de pureté quand on en a si peu ! Partez justement de ce qui vous reste : vous n'avez à votre actif que cette conviction de l'excellence de la pureté? C'est plus qu'il n'en faut pour réussir. Car l'hygiène morale qui fait les chastes se déduit de la psycho-physiologie de l'instinct sexuel telle que nous l'avons établie ; or nous avons vu le rôle primordial joué, dans l'apparition du besoin, par les convictions erronées concernant ce besoin lui-même. Des convictions inverses auront, on le conçoit, comme conséquence première de donner à l'esprit plus d'équilibre en le dépouillant de bien des hésitations. Les mobiles d'ordre élevé parleront désormais tout haut, puisqu'il y a pleine harmonie entre les aspirations du cœur et les exigences de la raison. Le chaste rationnel se sait et se sent libre : aux suggestions inférieures, il oppose les enthousiasmes d'une conscience nouvelle éprise de logique, de bonté, de beauté.

Ayant le souvenir de l'influence désastreuse exercée jadis sur lui par l'exemple ou les conseils de ses aînés, il ambitionne alors d'être un éducateur des jeunes. Mais sachant que pour faire accepter des principes, il faut les vivre d'abord soi-même, il s'interdira toute défaillance tant par fierté d'âme que par souci de la justice. Il cultive aussi le sain mysticisme et voit comme en un beau rêve la fiancée connue ou inconnue pour laquelle il lui paraît loyal de conserver intacte la fleur de sa jeunssse. Il étend à toutes les femmes sans distinction le respect que lui inspirent sa propre mère, ses sœurs et celle enfin qu'il veut pour lui-même pure et respectée. Oh ! je le sais, malgré cette exaltation des hauts sentiments, le « désir » réapparaît, même quand rien ne semblait devoir le provoquer : l'événement le plus banal peut, par simple association de sentiments ou d'idées, le faire naître et nous rappeler, hélas ! qu'au fond de l'homme sommeille l'animal ; et l'obsession passionnelle s'établit avec une telle intensité parfois, que les enthousiasmes robustes d'une conscience éclairée renoncent à la déloger. C'est que l'homme actuel, pour ce qui est de la vie sexuelle, est doué d'une sensibilité aussi complexe qu'anormale, et si l'on entend par « anormale sensibilité » celle que les facultés directrices ne sont plus capables de maîtriser, l'homme est à ce point de vue un neurasthénique en qui vibre à tout propos la harpe d'Éros. Et si l'on ne veut pas subir en esclave l'étrange suggestion de ses accords, il faut veiller moins à fuir tous les modernes excitants du sens génésique, qu'à soustraire à leur influence notre mentalité. En d'autres termes, il s'agit d'entreprendre la *rééducation méthodique de notre sensibilité sexuelle*[1]. Pour rendre à la fois moins fréquents et moins intenses ces états d'émotivité malsaine qui obscurcissent la conscience morale et la raison, plus simplement pour parvenir à la pleine maîtrise de soi, la bonne volonté ne suffit pas toujours : encore faut-il « savoir vouloir ».

Il s'agit, avons-nous dit, moins de fuir les modernes excitants du sens génésique, que de soustraire à leur influence notre mentalité. Vous n'aurez pas, j'imagine, la naïveté de conclure qu'il faille les rechercher ; et je trouverais plaisant qu'un tel vienne me dire : « Je ne puis à aucun prix triompher de mes impulsions », quand il passe

---

[1] Je dis rééducation et non éducation. Celle-ci ne dépend pas de nous. Les parents éduquent, les fils s'entr'éduquent et se rééduquent. Nous aurons compris du moins les lacunes d'une éducation qui livre au hasard les plus hasardeux le soin de nous renseigner sur les phénomènes de la vie sexuelle, et sépare à outrance deux sexes cependant destinés à vivre ensemble. Devenus pères, nous apprendrons aux enfants des deux sexes à ne pas se considérer comme étant les uns pour les autres les objets d'une inévitable tentation. Nous voudrons qu'ils grandissent côte à côte dans la pleine connaissance de leurs droits égaux et de leurs attributions respectives. Pour l'instant, travaillons précisément à nous rendre dignes de prétendre un jour à cette paternité (Voir pages 57 suivantes l'appendice sur « l'Éducation sexuelle des enfants et des adolescents »).

des nuits à courir les cafés de femmes, des soirées à tenir
dans le champ d'une lorgnette les nudités du Casino, des
heures à savourer une littérature aphrodisiaque. Il faut,
au contraire, surveiller avec soin le milieu intellectuel que
nous créent les spectacles et les lectures et observer, en
outre, une hygiène physique de nature elle-même à ne
pas engendrer un état chronique de déséquilibre. Donner
à l'esprit de saines émotions par la recherche du Beau
partout où il se trouve (cultiver les arts, les lettres, fré-
quenter le bon théâtre), avoir des principes d'hygiène
corporelle et les suivre (régime alimentaire[1] où dominent
les légumes et les fruits, d'où soient bannis les boissons
excitantes, les liqueurs et les vins trop généreux ; viande
en quantité très modérée ; exercices physiques ; tub mati-
nal si l'on aime l'eau froide ; dormir peu couvert, se lever
de bonne heure, etc...). C'est l'A B C de l'hygiène générale, vous le trouverez exposé partout et résumé dans le
viel adage : *Mens sana in corpore sano.*

Ces préceptes sont judicieux, je vous trouve sages d'y
adhérer. Mais ils sont totalement inefficaces si vous ne
possédez pas aussi, d'une part, la conviction ardente et
raisonnée que j'indiquais tout à l'heure, d'autre part et
surtout, *une méthode de résistance, méthode essentiellement psychologique* que nous voudrions esquisser en
terminant

Il serait chimérique d'espérer que les suggestions inférieures vont cesser de vous solliciter dès le jour où vous
possédez la conviction bien arrêtée que la Pureté rationnelle » est chose excellente. Si l'on se fait ermite, le diable
en fait autant ! Mais nous trouvons, du moins, dans nos
convictions raisonnées et raisonnables les éléments de
l'attitude mentale qui donne le succès.

---

[1] Une réforme alimentaire s'impose à l'heure actuelle : nous
mangeons mal ; il en résulte un énervement général regrettable.
Pour s'en convaincre et pour apprendre à manger mieux, lire le
livre du Dr Monteuuis : *L'Alimentation et la Cuisine naturelles
dans le monde* (chez Maloine, 3 fr. 5o).

Comment se comporter vis-à-vis des mille et une sollicitations qui nous assaillent? Nous raidirons-nous avec colère en maudissant un tempérament que nous voudrions moins sensible? Non. Pourquoi greffer sur un état d'émotivité malsaine un état psychologique, parti sans doute d'un bon sentiment, mais qui n'est d'aucune application pratique, la colère étant de l'énergie déplacée? C'est en outre conférer à l'ennemi une puissance d'action qu'il ne possède pas en fait et diminuer d'autant notre confiance en nous-mêmes. Il se faut comporter vis-à-vis des sollicitations sensuelles comme on ferait à l'égard d'un visiteur, importun peut-être, mais pas dangereux et qui met d'autant moins d'insistance à prolonger sa visite que nous mettons plus de sereine indifférence à le recevoir. C'est l'histoire de ces roquets, aboyeurs infatigables, qui récidivent pour peu que nous fassions mine de les croire désagréables, mais que rengainent vivement leur assourdissante aubade si nous ne paraissons pas soupçonner leur présence.

La lutte peut dans certains cas être aride et de longue haleine : toutes les volontés ne triomphent pas illico d'habitudes invétérées; mais leurs efforts seront tôt ou tard (plus souvent tôt que tard) couronnés de succès, si l'on se pénètre bien des vérités physiologiques énoncées précédemment et qu'à la vue de cette « vie sexuelle normale », naisse l'ardent désir de la réaliser.

Car, les impulsions sexuelles (est-il besoin de le redire), n'ont qu'une valeur relative, celle que nous leur donnons. Si donc s'éveille en vous quelque « velléité » qu'au nom de la logique vous désavouez d'ores et déjà, mais qui met quelque peu votre bon vouloir à l'épreuve, vous vous direz avec tout l'accent d'un homme qui se possède : « Je connais la signification vraie du sentiment qui m'envahit; ce n'est pas de besoin à satisfaire qu'il s'agit. Si obsédante que soit la sollicitation, je la rapporte non à un organe qui veut fonctionner, mais à l'excessive complexité de ma psychologie. » Là-dessus, vous avez le petit haussement d'épaules de l'indifférence et repartez d'un cœur joyeux. Cet état d'esprit répété chaque fois, et aussi longtemps qu'il est de saison, devient un entraînement salutaire. C'est utiliser, dans un sens très noble, cette tendance à l'habitude que présente l'organisme humain tout entier. La pureté devient un état d'âme et de corps « habituel », sa réalisation finit par ne coûter aucun effort. Et l'on vit dégagé de toute chaîne, heureux de se savoir libre, heureux de n'asservir personne.

Paul GOY.

Externe des hôpitaux.

Lyon, janvier 1906.

APPENDICE

ÉDUCATION SEXUELLE DES ENFANTS
ET DES ADOLESCENTS

Les lignes qui précèdent furent écrites lorsque j'étais étudiant en médecine et déjà persuadé que la voie de la moralité est aussi celle du bonheur. Je suis aujourd'hui médecin et père de famille.

L'expérience d'une vie conjugale fondée sur les principes défendus dans cet opuscule n'a fait que m'affermir chaque jour davantage dans la conviction que, à l'école de la Pureté rationnelle, les hommes sont meilleurs, plus justes et plus heureux.

On refuse aux peuples latins la possibilité de parvenir à la maîtrise d'eux-mêmes dans le domaine de l'amour. C'est là une affirmation toute gratuite. L'expérience montre, au contraire, que [la chasteté juvénile peut fleurir sous tous les climats, si l'on sait, en temps opportun, donner aux adolescents une éducation sexuelle logiquement inspirée.

Or, les influences à la lumière desquelles la jeunesse a coutume « d'apprendre l'amour » ne s'inspirent, nous l'avons vu, ni de la Logique ni de la Beauté. Ce sont, après le silence ou les grivoiseries de la famille, les conseils dégoûtants des grands camarades, les suggestions pernicieuses de la pornographie, sous toutes ses formes : littérature, imagerie, mauvais théâtre, tout autant de facteurs qui font naître peu à peu dans les jeunes cervelles l'obsession du fruit défendu et la conviction du vice nécessaire. Il se constitue une nécessité passionnelle là où ne devrait

exister qu'une fonction facultative, c'est-à-dire discipli-
nable tout entière par la volonté.

C'est pourquoi, à la triple et déplorable méthode du
silence, du mensonge et des initiations malpropres, il
convient de substituer la méthode de la révélation véri-
dique et progressive.

Cette méthode, hâtons-nous de le dire, pose d'abord en
principe que l'union sexuelle et les joies de l'amour n'ont
rien d'avilissant et de répréhensible, quand l'homme ne
les détourne pas de leur belle destination, qui est de communiquer la vie. Et ce que propose l'éducation dont nous
allons parler, ce n'est point le culte mystique de la chasteté
pour elle-même, mais cette conception plus haute et plus
humaine de l'amour, qui voit dans l'amour, selon la belle
expression de Mme Piczinska, « le souffle de vie de la
création ». Par l'amour, l'homme est créateur. Il est bon
qu'il le sache et qu'il n'ignore aucune des responsabilités
de sa mission. Noblesse oblige.

Comment préparer l'enfance à s'assimiler un jour ces
notions élevées ? Telle sera la première étape de la pédagogie sexuelle. Mme Piczinska, dans son opuscule sur
l'éducation sexuelle et le rôle de l'école[1], définit excellem-
ment le pourquoi et les conditions de cette initiation première :

« Pour préserver la jeunesse de la ruine corporelle,
« toute une littérature a surgi, ces dernières années, qui
« met l'accent sur les suites horribles de la débauche. Le
« dessein de ces écrits est de provoquer un effroi salutaire
« qui retienne si possible les adolescents loin de la mau-
« vaise voie. On y fait appel à la crainte, à la prudence, à
« la prévoyance, tous mobiles de peu de prise sur de
« jeunes imaginations. L'expérience a mille fois démontré
« combien ces considérations sont impuissantes à réfréner
« les investigations d'une sensualité surexcitée. Cette

---

[1] *Education Sexuelle* (le Rôle de l'Ecole), par Mme E. Piczinska,
o fr. 3o, chez M. R. Bergnier, 5o, avenue de Rumine, Lausanne
(Suisse).

« méthode d'intervention procède pour ainsi dire du de-
« hors, tandis que c'est du dedans qu'il faut agir, en in-
« fluençant la source des volitions, c'est-à-dire les idées,
« les désirs, l'imagination de l'enfant.

« En outre, ces avertissements ne sont presque jamais
« donnés en temps utile. D'ordinaire, ils viennent trop
« tard, car c'est de très bonne heure, hélas! dès les pre-
« mières années d'école que les enfants sont exposés au
« hasard de confidences ou d'exemples corrupteurs qui
« sont une première initiation au vice; d'autre part, si
« l'avertissement était prématuré, il risquerait de révéler
« à l'enfant des turpitudes qu'il ignore et que l'éducation
« n'a nulle mission de lui faire connaître.

« Ce n'est pas le mal, en effet, qui doit être l'objet d'une
« révélation, c'est le bien. Ce ne sont pas les laideurs de
« l'impureté et de ses suites qu'il faut présenter à son
« esprit vierge, c'est la beauté des lois, de la vie dans
« l'univers et dans l'humanité. Cette beauté du Bien,
« cette grandeur de l'ordre divin des choses ont seules un
« effet vraiment éducatif. Elles éveillent dignement l'in-
« térêt et donnent aux idées une première impulsion
« droite. Une fois occupée par ces notions saines, la jeune
« imagination n'est plus à la merci de n'importe quelle
« surprise. La curiosité naturelle de l'enfant cesse de lui
« être un piège et les informations données par un supé-
« rieur avec tout le sérieux et la dignité d'une instruction
« directe, enlèvent aux communications clandestines leur
« attrait de mauvais aloi.

« Cet enseignement préventif pour remplir toute sa
« mission doit précéder l'éveil des sens. Il doit donc être
« donné avant la puberté, afin de munir l'enfant dans sa
« mentalité même d'un système de défense en vue de cette
« époque troublée.

« Lorsque son imagination est restée sans guide, l'en-
« fant arrive à la puberté comme un petit animal. La
« crise organique suscite en lui des sensations nouvelles,
« des désirs de jouissance charnelle. Si rien en lui ne pro-
« teste contre ces instigations, il s'y complaît, ne fût-ce

« que par la pensée, le sexe devient alors à ses yeux un
« moyen de plaisir avant tout et l'idée du plaisir, d'abord
« seule dans ce domaine, y prend la première place. Trop
« souvent, elle y reste désormais prépondérante. Et
« cependant, qu'est-ce qui nous distingue de l'animal,
« qu'est-ce qui nous élève au-dessus de lui dans la vie du
« sexe, sinon ceci, que chez nous une idée plus haute que
« celle du plaisir des sens domine la fonction génératrice,
« l'idée du but de cette fonction, des pensées de fidèle
« amour, de paternité, de maternité qui s'y associent et
« tout ce que ces pensées suggèrent à la conscience. Si ces
« idées doivent prédominer sur le désir des sens, si même
« elles doivent parfois subjuguer ce désir et le réduire au
« silence, il faut qu'elles priment sur lui dès l'origine,
« qu'elles soient présentées les premières à l'enfant avant
« que la moindre idée sensuelle ne puisse s'y mêler.

« L'éducation sexuelle a donc pour mission au début
« non de *mettre en garde* l'enfant, mais de l'instruire, et
« la lumière pure qui sera son préservatif, il faut la faire
« briller en lui par une initiation graduelle à un idéal de
« vie qui ennoblisse à ses yeux tout le domaine du sexe
« et de ses lois. »

La justesse de ces considérations ne fait de doute pour
personne. Mais dans la pratique, quelle sanction pédago-
gique leur donner? Disons d'abord que, en raison du
caractère intime des révélations qui sont l'objet de cette
initiation première, celle-ci revient, en principe, à la
famille, et plus particulièrement à la mère à qui l'enfant
pose d'ordinaire les premières questions relatives à la naissance des bébés. Mais que répondre à un enfant désireux
de connaître le mode et le lieu de son origine? Par une
éducation préalable, d'ordre tout général, faite de douceur, de bonté, de droiture, les parents auront su gagner
la confiance de leur enfant. Ils prendront soin de ne pas
l'ébranler en éludant à l'aide de prétextes ou de répri-
mandes ridicules les questions naïves, mais si naturelle-
ment posées par les tout petits. Les histoires du petit
frère trouvé sous un choux ou apporté par la cigogne

peuvent ravir l'imagination d'un bambin de trois ans, elles
ne font que décevoir et par conséquent, exciter la curiosité d'un enfant de cinq à six ans. Mieux vaut alors répondre
vite et bien; sans quoi c'est désormais à d'autres sources
(et vous savez ce que valent les habituelles révélations des
grands camarades) que l'enfant prendra ses informations.
En éludant cette première explication, on jette dans l'âme
enfantine un germe de perversion.

D'ailleurs, les éclaircissements donnés à des enfants de
quatre à six ans n'ont rien d'un cours d'anatomie. Il s'agit
tout simplement de leur dire, avec sérieux et naturel, que
c'est de leur propre mère qu'émane leur petite vie. Des
enfants confiants n'en demandent pas davantage et ne sont
nullement troublés par cette révélation. Si tant de mères
évitent ce tête-à-tête, c'est peut-être qu'elles le sentent en
réalité très grave. Celles d'entre elles qui savent répondre
ne le regrettent pas, tant est douce la joie qu'elles en re-
cueillent aussitôt et... plus tard. La forme que va revêtir
l'explication peut varier à l'infini :

Un petit garçon dont il m'a été donné de suivre d'assez
près le développement atteignait à peine sa cinquième année lorsqu'il demanda à sa mère : « Quand j'étais pas né,
maman, où est-ce que j'étais? » — « Tu étais dans moi,
lui répondit-elle très simplement en l'attirant à elle avec
tendresse. Je t'ai porté, là, de longs mois, jusqu'au jour
où tu as été assez fort pour vivre au dehors et respirer l'air
que nous respirons tous, mais quand ton petit corps a dû
quitter le mien, j'ai souffert beaucoup, vois-tu. C'est
pourquoi les petits enfants doivent aimer tendrement leur
maman. » Le petit garçon dont il s'agit ne manifesta aucun
étonnement pénible, embrassa sa mère avec effusion. Il ne
l'en respecte pas moins, depuis lors, je vous assure. Avoir
été dans sa mère, lui paraît la chose la plus naturelle et la
plus jolie du monde; il croit que tous les enfants en sont
instruits comme lui, il ne pense nullement à communiquer
cette information à ses petits camarades d'école, et il lui
arrive de dire parfois, faisant allusion à quelque événement
ancien : « Dis maman, ça se passait quand j'étais dans

toi ? » — « Oui, mon chéri », et il retourne à ses jeux avec
la plus joyeuse insouciance.

Le Dr Regnier rapporte[1] l'explication suivante d'une
mère à sa petite fille : « Ma petite, il y a beaucoup de
chambres dans notre maison, dont chacune a sa destination spéciale. Il y a la cuisine, il y a la salle à manger, il y
a le salon, il y a les chambres à coucher. De même il existe
dans le corps humain beaucoup de chambrettes qui ont
chacune une destination spéciale. Une de ces chambrettes
est destinée à recevoir et à digérer la nourriture, c'est
l'estomac. Dans une autre se trouvent les poumons et le
cœur, c'est la poitrine. Dans une autre, les tout petits
prennent la vie, croissent et se développent comme les
semences qu'on met en terre C'est là que je t'ai nourrie,
ma chérie, voilà pourquoi je suis la mère et je t'aime
tant ».

Une autre « pédagogue » fort experte, Mme J. Leroy-
Allais, après une révélation sensiblement pareille à la
précédente utilisa la circonstance que voici pour compléter les premières notions reçues par ses enfants : « Il
s'était tenu à Paris, écrit-elle[2], une exposition d'aviculture
où entr'autres choses l'évolution du poussin était présentée
clairement jour par jour, depuis le premier moment de
l'incubation jusqu'au moment de l'éclosion. Les enfants
avaient regardé attentivement cette suite de vingt-et-
un œufs de dimension et de couleur naturelle, montrant
les transformations successives du petit animal et je n'avais
ménagé ni les explications ni les commentaires. Ils en
avaient reparlé souvent et d'eux-mêmes ils établissaient
maintenant l'analogie entre le petit enfant et le petit
poussin. J'ajoutais en y insistant « que pendant que les
mamans portent en elles le petit enfant, elles sont bien
lasses, bien souffrantes, quelquefois très malades. Pour
vivre, le poupon prend un peu de leur vie. Puis tout le
temps qu'elles le nourrissent de leur lait, elles sont es-

Hygiène Scolaire, avril 1909, n° 26.
Hygiène Scolaire, janvier 1910, n° 29.

claves : longtemps il leur faut veiller auprès des berceaux
et passer des nuits entières sans dormir. Mais les mamans
ont un cœur à part : plus les petits leur donnent de mal,
plus elles les aiment. » Si cette leçon est bien faite par
une mère (ou une éducatrice) très tendre, il est bien rare
qu'elle ne se termine pas par une effusion générale.

Des éclaircissements de ce genre suffisent généralement
à satisfaire la curiosité des enfants jusqu'à neuf et douze
ans. Mais alors vient le moment où ils cherchent à savoir
de quelle manière les enfants prennent vie, et quelle est
dans la génération des êtres la part contributive du père
et de la mère. Les réponses à faire sont plus épineuses en
apparence qu'en réalité, car il n'importe pas non plus
qu'elles soient d'une précision anatomique et c'est encore
l'histoire naturelle qui va sauver la situation. L'étude
progressive des phénomènes de reproduction dans la série
végétale et animale initieront l'enfant aux notions de sexe
et de fécondation. On donnera à ces leçons un caractère à
la fois sérieux, simple et poétique. La vie des fleurs (l'éta-
mine s'inclinant vers le pistil), des insectes (le sommeil
des larves, les soins dont elles sont l'objet chez les abeilles),
la vie des poissons (les grappes d'œufs fécondées par le
mâle), les mœurs des oiseaux (l'incubation des œufs, la
fidélité conjugale du pigeon, la femelle aidée par le mâle
dans la tâche maternelle), sont autant de données riches
en suggestions bonnes. Cet enseignement complété par
quelques remarques sur l'hérédité amènera les garçons et
filles à conclure de l'animal à l'homme, sans que leur délicatesse morale en ait été amoindrie, loin de là !

Plus tard, à la puberté, viendront des avertissements
non voilés, sur les dangers des amours illicites, et quelques notions de morale sociale. En ce qui regarde certains
détails de physiologie conjugale intime, le père sera quand
il le jugera bon l'éducateur naturel de son fils, la mère
l'éducatrice de sa fille, à moins que les parents ne se
déchargent de ce soin sur un médecin que désignerait
tout particulièrement pour ce rôle sa compétence scientifique jointe à une haute moralité. Ainsi guidés, les jeunes

gens et les jeunes filles ne considéreront jamais l'amour comme une polissonnerie permise aux gens mariés. Conscients des joies profondes et des responsabilités qui s'attachent à la conception, ils deviendront vraisemblablement des hommes droits et de vaillantes femmes, aptes à fonder ces foyers où l'on s'aime avec dignité, où les enfants sont accueillis avec joie et élevés avec sérieux.

Et je suis convaincu que la pureté sexuelle, unie à cet enthousiasme pour le Juste et le Beau, qui est une des caractéristiques de notre génie national, ferait de nous des natures harmonieuses richement armées pour le Progrès.

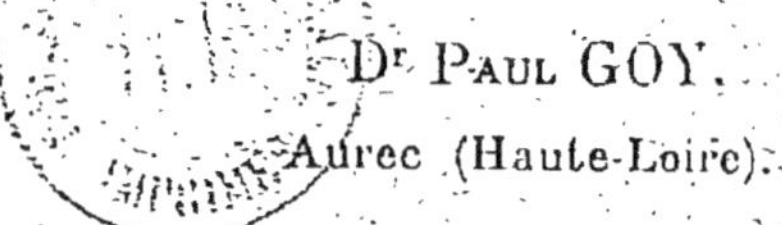

Dr PAUL GOY.

Aurec (Haute-Loire).

N. B. — A ceux de mes lecteurs qui seraient désireux de s'initier méthodiquement à la pédagogie spéciale dont il vient d'être parlé, je conseillerais vivement la lecture des ouvrages suivants :

Mme E. Pieczeńska : **l'Ecole de la Pureté** (Paris, Fischbacher, 3 fr. 50).

Dr Good : **Hygiène et Morale** (chez Aberlen, Vals, Ardèche, 0 fr. 50.)

Dr Mathé : **l'Enseignement de l'Hygiène sexuelle à l'Ecole**, préface de Mme P. Kergomard, inspectrice générale des Ecoles maternelles (chez Vigot, Paris.)

Mme Leroy-Allais : **Comment j'ai instruit mes filles des choses de la maternité** (Maloine, Paris, 1 franc).

Lyon. — Imprimerie A. Rey, 4, rue Gentil. — 73287

BIBLIOTHEQUE NATIONALE DE FRANCE

3 7531 03932213 7

www.ingramcontent.com/pod-product-compliance
Lightning Source LLC
Chambersburg PA
CBHW051607060726

47597CB00004B/1173